HIMBEER WEINSAUCE

Selbermachen. Genießen. Verschenken.

Leckereien aus der Speisekammer der kreativen Manufaktur sind schöne Geschenke und Mitbringsel: mit Sorgfalt hergestellt, mit Liebe verpackt.

Karina Schmidt • Anna Postel

EINGEMACHTES HÜBSCH VERPACKT
Leckereien in Gläsern und Flaschen

Inhalt

Leckereien in Gläsern und Flaschen

Die Speisekammer ist die kulinarische Schatzkammer des Hauses: Da stapeln sich Leckereien und Köstlichkeiten, die darauf warten, geöffnet und verspeist zu werden: fruchtige Marmeladen, die den Geschmack des Sommers einfangen, feine Gelees, würzige Chutneys und Relishes, Liköre und Soßen, die Desserts eine besondere Note geben, aromatisierte Öle und Essige, eingelegtes Gemüse und Käse, der mit Öl und feinen Kräutern haltbar gemacht wurde.

Eine gut gefüllte Speisekammer ist nicht nur ein Schlaraffenland für Genießer, sondern auch eine Fundgrube für Geschenke und Mitbringsel. Denn wer würde sich nicht über eine raffinierte Vanille-Erdbeer-Marmelade mit grünem Pfeffer, ein sommerliches Pfirsich-Chutney oder ein feines Steinpilzöl freuen?

Und damit die Köstlichkeiten in Gläsern und Flaschen auch gleich die richtige Wirkung beim Beschenkten erzielen, wird zu jedem Rezept ein Verpackungsvorschlag gemacht: mal einfach, mal etwas aufwendiger, aber immer eines: wirkungsvoll. So wird das Geschenk sofort als mit Liebe gemacht erkannt.

Sommer im Glas

Endlich ist er da, der Sommer! Jetzt gilt es, ihn gekonnt im Glas einzufangen, damit Sie auch später noch etwas davon haben, und ihn zu verschenken, denn geteilte Freude ist doppelte Freude! Ob Erdbeeren, Johannisbeeren, Himbeeren, Kiwi, Ananas oder Melone – diese Rezepte kommen garantiert frisch und fruchtig daher!

Vanille Erdbeer Marmelade

MIT GRÜNEM PFEFFER

HIMBEER WEINSAUCE

Stilvoll genießen

Hier finden Sie Rezepte, die die Sonne des Sommers ins Haus und die Gesichter zum Strahlen bringen. Aus Himbeeren, Erdbeeren & Co. entstehen raffinierte Leckereien, die auch als Geschenke gut ankommen. Und da das Auge stets mit isst, gibt es hübsche Verpackungsideen dazu.

Vanille-Erdbeer-Marmelade

mit grünem Pfeffer

Halbieren Sie die Erdbeeren und geben Sie die Früchte in einen hohen Topf. Schneiden Sie die Vanilleschote der Länge nach auf und schaben Sie das Mark mit einem Messer heraus. Geben Sie das Vanillemark und den Zitronensaft zu den Erdbeeren. Mischen Sie dann den Gelierzucker unter. Lassen Sie alles 3 bis 4 Stunden lang abgedeckt gut durchziehen.

Bringen Sie anschließend die Fruchtmasse unter ständigem Rühren zum Kochen. Ab diesem Zeitpunkt gemessen, die Marmelade 4 Minuten lang sprudelnd kochen lassen. Eine Gelierprobe nehmen. Dazu etwas Marmelade auf einen kalten Teller geben. Wird die Gelierprobe beim Abkühlen dicklich, ist sie fertig. Nach Wunsch jetzt den grünen Pfeffer zugeben, der der Marmelade eine pikante Note gibt.

Die Marmelade mithilfe eines Trichters in sterilisierte Twist-off-Gläser randvoll abfüllen. Die Gläser sofort verschließen und auf die Deckel stellen. Die Gläser kurz ruhen und abkühlen lassen und wieder umdrehen.

Serviervorschlag: Die Marmelade passt gut zu herzhaften Vollkornbrötchen, aber auch ausgezeichnet zu einem rezenten Camembert.

Die Vanille-Erdbeer-Marmelade ist ca. ein Jahr haltbar.

Die Verpackungsidee für die Vanille-Erdbeer-Marmelade finden Sie auf Seite 14/15.

Zutaten für 4 Gläser à 200 ml

600 g Erdbeeren, gewaschen und entstielt
1 Vanilleschote
Saft einer halben Zitrone
600 g Gelierzucker 1:1
1 EL eingelegte grüne Pfefferkörner, abgetropft

Vanille
Erdbeer-Marme-
lade

MIT GRÜNEM
PFEFFER

Deckelhäubchen für die Vanille-Erdbeer-Marmelade

Material
Baumwollstoff in Weiß-Rot gepunktet
Transparentpapier in Weiß
Tonpapier in Grün
Schleifenband in Rot-Weiß, 1 cm breit
Faden in Rot und Weiß
Lochzange
Konturenschere mit Wellenrand
feine Nadel
wasserfester Filzstift in Schwarz

Vorlage Seite 119

Schneiden Sie mithilfe einer Schablone aus dem Baumwollstoff einen Kreis aus, der ca. 8 cm größer ist als der Deckeldurchmesser des Marmeladenglases. Ketteln Sie den Rand mit einem engen Zickzackstich ab, damit er nicht ausfranst.

Kopieren Sie das Schildchen für den Deckel mit dem wasserfesten schwarzen Filzstift von der Vorlage auf das Transparentpapier. Hierzu, falls notwendig, die Vorlage vergrößern oder verkleinern. Schneiden Sie dann mit der Konturenschere einen Kreis aus, der so groß ist wie der Deckel. Achten Sie darauf, dass die Schrift mittig sitzt.

Nähen Sie nun das Transparentpapierschildchen mit einem engen Geradstich mittig auf den Stoffkreis und vernähen oder verknoten Sie die Fadenenden auf der Rückseite. Hilfreich kann es sein, die runde Naht mit einer Hilfslinie vorzuzeichnen.

Schneiden Sie für das Etikett einen 2 cm breiten Streifen aus dem grünen Tonpapier aus und beschriften Sie ihn. Lochen Sie das Etikett ca. 1 cm links von der Schrift und schneiden Sie die überstehenden Enden des Streifens mit der Schere ab. Zum Schluss die Ecken mit der Schere abrunden und das Etikett beim Zubinden an das Schleifenband hängen.

Kleine Warenkunde
Beliebte Erdbeersorten

Mieze Schindler

Die alte, sehr aromatische Sorte Mieze Schindler ist klein, süß und beim Genießen wird man mit einem Erdbeeraroma wie zu Großmutters Zeiten belohnt. Im Handel findet man sie leider nur selten, da die Früchte sehr schlecht zu transportieren sind und daher auch kaum zur Marmeladenherstellung verwendet werden.

Primera

Lambada

Mieze Schindler

Primera

Die Primera mit ihren hellroten, festen Früchten ist die perfekte Wahl für den ersten selbst gebackenen Erdbeerkuchen im Mai. Bei der Freilandernte gehört sie zu den ersten Sorten, die geerntet wird.

Lambada

Die sehr süße, hellrote Lambada ist eine der empfindlichsten Erdbeersorten. Frisch schmeckt sie ausgezeichnet, kann aber nur sehr kurz gelagert werden und ist daher für Konservierung, bei der nur makellose Früchte verwendet werden dürfen, wenig geeignet.

Senga Sengana

Julietta

Für Konfitüre, Sirup und Frischverzehr: Die Erdbeersorte Julietta ist vielseitig einsetzbar und kommt erst zum Ende der Erdbeersaison auf den Markt.

Senga Sengana

Die neue Sorte Senga Sengana ist dunkelrot, sehr süß und hat durchgefärbte Früchte. Sie ist ausgezeichnet zur Konservierung und Tiefkühlung geeignet.

Julietta

Manille

Die Manille-Erdbeere wurde in Frankreich gezüchtet und ist aufgrund ihres ausgezeichneten Aromas in der Gourmetküche sehr beliebt.

Manille

Crème de Cassis
der Likör-Klassiker

Geben Sie den Branntwein, die Nelke, die Zimtstange und, falls vorhanden, die Blätter vom schwarzen Johannisbeerstrauch in einen großen Topf. Zerdrücken Sie die schwarzen Johannisbeeren mit einer Gabel und geben Sie diese ebenfalls hinzu. Rühren Sie dann den Zucker unter.

Füllen Sie alles in ein großes, dicht schließendes Glas und stellen Sie das Glas 1 Monat lang an einen warmen Ort. Das Glas zwischendurch hin und wieder schwenken.

Gießen Sie nach einem Monat die Mischung durch ein Passiertuch oder ein mit Küchenkrepp ausgelegtes Sieb. Anschließend noch ein zweites Mal filtern. Zum Schluss den Likör in die Flaschen abfüllen und die Flaschen verschließen.

Serviervorschlag: Sie können entweder den reinen Likör servieren oder ca. 1 TL Likör pro Sektglas mit kühlem Prosecco aufgießen.

Tipp: Wenn Ihnen der Likör zu kräftig ist, verdünnen Sie ihn mit etwas Zuckerwasser (100 g Zucker auf 100 ml Wasser).

Die Crème de Cassis ist ca. 6 Monate haltbar.

Die Verpackungsidee für die Crème de Cassis finden Sie auf Seite 20/21.

Zutaten für
4–5 Flaschen à 200 ml

500 ml Branntwein
oder Wodka
1 Gewürznelke
1 Zimtstange
evtl. 10 Blätter
vom schwarzen
Johannisbeerstrauch
500 g schwarze
Johannisbeeren,
gewaschen und entstielt
375 g Zucker

Wölkchenschachtel
für die Crème de Cassis

Übertragen Sie die Schachtel von der Vorlage auf den Fotokarton. Schneiden Sie die geraden Linien und den Schlitz mit dem Cutter, die gebogenen Linien mit der Schere aus und falzen Sie den Karton entlang den gestrichelten Linien. Die Löcher werden mit der Lochzange gestanzt. Bringen Sie nun an allen Laschen doppelseitige Klebefolie an und setzen Sie die Schachtel zusammen.

Stempeln, übertragen oder kopieren Sie den Text auf das weiße Tonpapier und schneiden Sie um den Text herum eine Wolke aus. Legen Sie die Wolke auf das Transparentpapier und schneiden Sie aus dem Transparentpapier eine etwas größere Wolke aus. Verbinden Sie die beiden Papierschichten mit einer Öse bzw. zwei Ösen.

Legen Sie die Schachtel mit dem blau-weißen Krepppapier aus. Binden Sie ein kleines Wolkenetikett mit der blau-weißen Kordel um den Hals der Flasche und legen Sie sie in die Schachtel. Die Schachtel dann ebenfalls in Krepppapier einwickeln. Zum Schluss das größere Etikett auf die Kordel fädeln und eine Schleife um das Geschenk binden.

Material

Fotokarton in Weiß
Krepppapier in Blau-Weiß gestreift
Tonpapier in Weiß
Transparentpapier in Weiß
Textstempel zum Selbersetzen
Kordel in Blau-Weiß
Cutter und Schneideunterlage
Loch- und Ösenzange
Ösen
doppelseitige Klebefolie
wasserfester Filzstift

Vorlage Seite 118/119

Himbeerweinsauce für Genießer

Material
Fotokarton in Weiß
Schleifenband, 1 cm breit
Klebeetiketten mit rotem
Rand, ca. 2 cm x 3 cm
Masking Tape
Konturenschere mit
Wellenrand
wasserfester Filzstift

Himbeerweinsauce

Lassen Sie den Zucker unter ständigem Rühren in einem Topf hellbraun karamellisieren. Vorsicht: Der Zucker kann schnell anbrennen. Löschen Sie das Karamell mit dem Rotwein und dem Johannisbeernektar ab. Die Masse wird dabei erst fest, löst sich aber beim weiteren Köcheln langsam wieder auf. Die Pimentkörner und den Kardamom in ein Tee-Ei geben und in der Sauce ziehen lassen. 20 bis 30 Minuten lang köcheln lassen.

Geben Sie nach dem Entfernen der Pimentkörner und der Kardamomkapseln die Himbeeren hinzu und lassen Sie die Sauce weitere 5 Minuten lang köcheln. Pürieren Sie anschließend die Masse. Kochen Sie dann die Himbeerweinsauce nochmals auf und schmecken Sie sie ab. Die Sauce kochend heiß in Twist-off-Flaschen abfüllen und sofort verschließen.

Serviervorschlag: Die erfrischende Sauce passt zu Naturjoghurt, Quark, Eis oder Grießbrei.

Die Himbeerweinsauce ist gekühlt ca. sechs Monate haltbar.

Zutaten für 3 – 4 Flaschen à 250 ml

250 g Zucker
200 ml Rotwein
200 ml schwarzer Johannisbeernektar
6 Pimentkörner
6 Kapseln Kardamom
500 g Himbeeren, verlesen und geputzt

Anhänger

Schreiben Sie das H wie abgebildet auf das Etikett, kleben Sie es auf den weißen Fotokarton und schreiben Sie die restlichen Buchstaben des Schriftzugs rechts daneben. Schneiden Sie das Etikett mit der Konturenschere großzügig und von Hand oval aus. Dekorieren Sie das Etikett mit Masking Tape und schneiden Sie vorsichtig mit der Konturenschere den Umriss nach. Binden Sie das Etikett mit dem Schleifenband um die Flasche.

IMBEER
WEINSAUCE

Kiwi-Kardamom-Konfitüre
fürs Frühstück

Material
Tonpapier in Grün
Tonpapier oder Fotokarton
mit grünen Punkten
doppelseitige Klebefolie
Textstempel zum
Selbersetzen
Masking Tape

Kiwi-Kardamom-Konfitüre

Geben Sie die Kiwi zum Pürieren in einen hohen Kochtopf. Rühren Sie den Gelierzucker, den Kardamom, das Piment, den Pfeffer und den Weißwein unter. Die Fruchtmasse 1 Stunde lang bei Zimmertemperatur ziehen lassen.

Bringen Sie die Fruchtmasse dann unter ständigem Rühren zum Kochen. Ab diesem Zeitpunkt gemessen, die Konfitüre 4 Minuten lang sprudelnd kochen lassen und eine Gelierprobe nehmen (siehe Seite 12).

Die Konfitüre mithilfe eines Trichters in sterilisierte Twist-off-Gläser randvoll abfüllen. Die Gläser sofort verschließen und auf die Deckel stellen. Die Gläser kurz ruhen und abkühlen lassen und wieder umdrehen.

Die Kiwi-Kardamom-Konfitüre ist ca. ein Jahr haltbar.

Deckeletikett

Schneiden Sie aus dem gepunkteten Fotokarton und dem grünen Tonpapier jeweils einen Kreis in der Größe des Glasdeckels aus. Zerschneiden Sie den grünen Kreis in zwei Halbkreise.

Bestempeln Sie den grünen Halbkreis jetzt mit dem selbstgesetzten Text. Positionieren Sie eventuell dekorative Elemente unterhalb des Textes. Kleben Sie dann den Halbkreis mit doppelseitiger Klebefolie auf den gepunkteten Kreis. Zum Schluss den Deckel mit Masking Tape am Glas befestigen.

Zutaten für 4 Gläser à 200 ml

550 g reife grüne Kiwi
(500 g geschältes
Fruchtfleisch), in Stücke
geschnitten
500 g Gelierzucker 1:1
1 gestrichener TL
gemahlener Kardamom
2 Msp. gemahlenes
Piment
½ TL gemahlener Pfeffer
100 ml trockener
Weißwein

Caipirinha-Konfitüre
Südseegenuss im Glas

Geben Sie 700 ml Saft zusammen mit dem Gelierzucker in einen ausreichend hohen Topf. (Der Sud kocht ziemlich stark auf!) Erhitzen Sie den Sud, lassen Sie ihn mindestens 4 Minuten lang sprudelnd kochen und nehmen Sie eine Gelierprobe (siehe Seite 12).

Sobald die Masse erstarrt, ziehen Sie den Topf vom Herd und geben den Rum zu. Nochmals kurz aufkochen. Das Gelee mithilfe eines Trichters in sterilisierte Twist-off-Gläser randvoll abfüllen. Die Gläser sofort verschließen und auf die Deckel stellen. Lassen Sie die Gläser ruhen und abkühlen und drehen Sie sie wieder um.

Serviervorschlag: Servieren Sie die Caipirinha-Konfitüre zu knusprigen Brötchen oder verwenden Sie sie zum Süßen von Joghurt oder Quark.

Die Caipirinha-Konfitüre ist ca. ein Jahr haltbar.

Die Verpackungsidee für die Caipirinha-Konfitüre finden Sie auf Seite 30/31.

Zutaten für 5–6 Gläser à 225 ml

Saft von 8 Limetten
(ca. 250 ml)
Saft von 14 Zitronen
(ca. 450 ml)
1 kg Gelierzucker 1:1
100 ml weißer Rum
(z. B. Cachaça)

Stoffhaube für die Caipirinha-Konfitüre

Material

Stoff in Weiß
Fotokarton in Blau
Satinband in Blau, 3 mm breit
Stempelgummi, Radiergummi oder Kartoffel
Stempelfarbe in Blau
Stoffschere
Cutter mit Schneide-unterlage
Gelstift in Silber
Lochzange
evtl. Motivstanzer „Kreis", ø 3 cm

Fertigen Sie zunächst aus dem Stempelgummi zwei Stempel für die Gestaltung der Deckelhaube. Für den einen Stempel einen ca. 3 mm breiten Ring mit einem Innendurchmesser von 2,5 cm auf ein Stück Stempelgummi aufzeichnen. Das Innere und das Äußere des Rings mit einem Cutter ca. 3 mm tief wegschneiden, sodass ein Boden zum Greifen des Stempels stehen bleibt. Für den anderen Stempel ebenso ein spitzes Dreieck in ein Stück Stempelgummi schneiden. Das Dreieck sollte fünf bis sechs Mal in den Kreis passen.

Schneiden Sie für die Deckelhaube einen Kreis mit einem Durchmesser von 15 cm aus dem weißen Stoff aus. Bestempeln Sie das Häubchen zunächst mit dem Ring-Stempel. Ordnen Sie dabei die Ringe unregelmäßig an – das sieht hübscher aus. Stempeln Sie anschließend fünf bis sechs kleine Dreiecke in die Ringe.

Stülpen Sie das Häubchen über den Deckel des Konfitürenglases, fädeln Sie das gelochte und beschriftete Etikett auf das Satinband und binden Sie das Häubchen mit dem Satinband am Glas fest.

Weißweinfrüchte
mit Gewürzen

Weißweinfrüchte

Bringen Sie den Wein zusammen mit dem Ingwer, dem Zimt, den Nelken und dem Zucker zum Kochen. Lassen Sie den Sud 5 Minuten köcheln und entfernen Sie die Gewürze. Geben Sie nun die Früchte hinzu.

Kochen Sie den Sud mit den Früchten einmal auf und lassen Sie ihn weitere 5 Minuten lang ziehen. Entnehmen Sie die Früchte anschließend mit einer Schaumkelle und füllen Sie sie in sterilisierte Einmachgläser. Legen Sie die Gummiringe und Deckel nass auf die Gläser und verschließen Sie jedes Glas mit zwei Klammern.

Stellen Sie die Gläser in einen Bräter, sodass sie sich nicht berühren. Gießen Sie einen ½ l ca. 80° C heißes Wasser hinein und stellen Sie den Bräter in den Backofen. Erhitzen Sie den Backofen jetzt auf ca. 150° C. Nach ca. 30 Minuten perlt der Sud in den Gläsern, d. h. es steigen in kurzen Abständen Bläschen auf. Ab diesem Zeitpunkt die Gläser im Backofen abkühlen lassen und dann die Klammern entfernen.

Serviervorschlag: Reichen Sie die Früchte zu Schokoladen- oder Vanilleeis oder zu Pudding.

Die Weißweinfrüchte sind ca. ein Jahr haltbar.

Etikett

Übertragen Sie das Oval auf den Fotokarton, schneiden es mit einem 2 mm breiten Rand mit der Konturenschere aus und stempeln Sie den Text auf. Zum Schluss das Etikett mit dem Masking Tape am Glas festkleben.

Material

Fotokarton in Weiß
ovaler Textstempel zum Selbersetzen
Stempelfarbe in Schwarz
Masking Tape in Rot gepunktet
Konturenschere mit Zackenrand
Filzstift in Rot

Vorlage Seite 119

**Zutaten für
2 – 3 Gläser à 500 ml**

750 ml trockener Weißwein
2 cm frischer Ingwer, geschält
1 Zimtstange
2 Gewürznelken
300 g Zucker
1 Ananas, geschält und gewürfelt
1 Bio-Limette, heiß abgewaschen und in dünne Scheiben geschnitten
1 Cantaloupe- oder Netzmelone, in Würfel oder Kugeln ausgestochen
20 Kapstachelbeeren (Physalis)

Mokkalikör
für Kaffee-Fans

Material
Bastelwellpappe „Natur"
Transparentpapier in Weiß
Textstempel zum
Selbersetzen
Cutter und Schneide-
unterlage
Lineal
Musterbeutelklammern
Satinband in Braun,
3 mm breit, 25 cm lang
Zirkel
Masking Tape

Mokkalikör

Überbrühen Sie den gemahlenen Kaffee mit einem ½ l kochendem Wasser und lassen Sie ihn 10 Minuten lang ziehen. Währenddessen den Zucker mit einem ¾ l Wasser aufkochen. Filtern Sie den Kaffee, um das Kaffeepulver zu entfernen. Verrühren Sie Kaffee und Zuckerwasser sorgfältig und lassen Sie den Sud abkühlen. Geben Sie anschließend den Vanillezucker und den Alkohol hinzu. Füllen Sie zum Schluss den Likör mithilfe eines Trichters in die Flaschen ab.

Serviervorschlag: Den Mokkalikör entweder pur genießen, in kleinen Mengen in einen heißen Kakao geben oder in einen Schokopudding rühren.

Der Mokkalikör ist neun bis zwölf Monate haltbar.

Manschette

Schneiden Sie aus der Wellpappe ein zur Flasche passendes Rechteck mit einem mittig sitzenden, 3 cm x 3 cm großen Sichtfenster aus. Für den Verschluss werden zwei 2 cm große Kreise benötigt, in die mit einem Cutter mittig je ein 5 mm langer Schlitz geschnitten wird. Schneiden Sie mit dem Cutter auch in die kurzen Seiten des Rechtecks mittig ca. 1 cm vom Rand entfernt je einen 5 mm breiten horizontalen Schlitz. Montieren Sie die Kreise mit Musterbeutelklammern an die Manschette und knoten Sie das Satinband um einen der Kreise. Kleben Sie einen 2 cm breiten, bestempelten Transparentpapierstreifen mittig auf die Flasche. Legen Sie nun die Manschette um die Flasche und schließen Sie sie, indem Sie das Satinband um den anderen Kreis wickeln.

Zutaten für
6–7 Flaschen à 250 ml

150 g gemahlener
Bohnenkaffee
625 g Zucker
2 Pck. Vanillezucker
½ l reiner Alkohol
oder Korn

Mokka-
likör

Mokka-
likör

Mokka-
likör

Pikant genießen

Immer mit der richtigen Würze durchs Leben gehen – das könnte das Motto dieser Köstlichkeiten sein! Dabei beschränken sich die Rezepte nicht auf das Einlegen von Gemüse wie Tomaten oder Paprika, sondern sie zeigen, dass man auch mit Früchten wie Kirschen und Zwetschgen herrlich pikante Relishes oder Chutneys zaubern kann.

Schafs-
käse-
würfel

Zu
jeder Jahreszeit
passen die pikanten
Beilagen in diesen Gläsern,
besonders jedoch zu heißen
Sommern und zu kalten Wintern.
Bei warmem Wetter schmeckt
Erfrischendes, im Winter dagegen
darf es gerne deftiger sein. Lassen
Sie sich pikant Eingelegtes
und süßherbe Soßen
schmecken!

Eingelegtes Gemüse
Tomaten und Paprika

Verteilen Sie das Gemüse und die Gewürze in den Gläsern. Schmelzen Sie den Zucker und das Salz in einem Topf, bis die Zutaten sich verflüssigen und eine goldgelbe Farbe angenommen haben. Geben Sie 250 ml des Essigs hinzu. Die Masse erstarrt zunächst, löst sich aber nach 5 bis 10 Minuten Köcheln wieder auf. Den restlichen Essig hinzugeben.

Gießen Sie anschließend alles in sterilisierte Einmachgläser. Legen Sie die Gummiringe und die Deckel nass auf die Gläser und verschließen Sie jedes Glas mit zwei Klammern. Stellen Sie die Gläser in einen Bräter, sodass sie sich nicht berühren. Gießen Sie einen ½ l ca. 80° C heißes Wasser in den Bräter und stellen Sie den Bräter in den Backofen. Erhitzen Sie den Backofen jetzt auf ca. 150° C. Sobald die Flüssigkeit in den Gläsern perlt, senken Sie die Temperatur auf 130° C. Schalten Sie den Backofen nach weiterer 45 Minuten aus. Lassen Sie die Gläser im Backofen abkühlen und entfernen Sie anschließend die Klammern.

Serviervorschlag: Das Gemüse passt zu einem deftigen Vesper.

Das eingelegte Gemüse ist ca. ein Jahr haltbar.

Gläserschmuck

Zeichnen Sie eine möglichst einfache Form, z. B. ein Dreieck, auf das Stempelgummi und schneiden Sie den Rand des Stempels mit einem Cutter ca. 3 mm tief weg, sodass ein Boden zum Greifen des Stempels stehen bleibt.

Schneiden bzw. stanzen Sie einen Kreis in der Größe des Deckelglases und ein Etikett aus. Bestempeln Sie nun alles nach Wunsch. Beschriften Sie zum Schluss das Etikett, lochen Sie es und befestigen Sie es zusammen mit dem Satinband am Einmachglas.

Material
Fotokartonrest in Creme
Satinband in Creme,
1 cm breit, 85 cm lang
Etikettenstanzer
Lochzange
Stempelgummi oder
Radiergummi
Cutter mit Schneide-
unterlage
Stempelfarbe in Rot
wasserfester Filzstift
in Schwarz

Zutaten für
2 – 3 Gläser à 500 ml

1,2 kg Tomaten, Strunk
keilförmig ausgeschnitten
4 Knoblauchzehen,
geschält
8 Pimentos
(Mini-Paprikaschoten)
6 Lorbeerblätter
2 EL Senfkörner
75 g Zucker
1 gehäufter EL Salz
750 ml Weißweinessig

Tomatenpesto mit Oliven
beliebte Pastasoße

Geben Sie den Knoblauch, die Pinienkerne, den Chili, den Thymian, die getrockneten Tomaten, die Oliven und den Parmesan in eine Schüssel und durchmischen Sie alles gut. Gießen Sie nun 150 ml Olivenöl über die Masse und pürieren Sie sie grob. Schmecken Sie anschließend das Pesto nach Wunsch mit Salz ab.

Füllen Sie das Pesto bis 2 cm unter den Rand in die sterilisierten Gläser und streichen Sie die Oberflächen glatt. Die Oberflächen jeweils vorsichtig mit Öl begießen, sodass das Pesto ganz damit bedeckt ist. Eventuell nach einiger Zeit etwas Öl nachgießen. Verschließen Sie die Gläser und bewahren Sie sie im Kühlschrank auf.

Serviervorschlag: Das Pesto können Sie ganz traditionell zu Nudeln oder auf Bruschette reichen. Ausgezeichnet schmeckt es auch, wenn Sie das Pesto auf dünne Kalbs- oder Schweineschnitzel streichen, diese zu Involtini (kleine Rouladen) aufrollen und ringsherum anbraten.

Das Pesto ist ungeöffnet und gekühlt drei Monate haltbar.

Die Verpackungsidee für das Tomatenpesto finden Sie auf Seite 44/45.

Zutaten für 3 Gläser à 200 ml

2 Knoblauchzehen, geschält
2 TL Pinienkerne, goldbraun (ohne Fett) angeröstet
1–2 kleine rote Chilischoten, grob gehackt
Blättchen von 12 Thymianstängeln oder 2 TL getrockneter Thymian
200 g getrocknete Tomaten, grob gehackt
20 entsteinte schwarze Oliven
50 g frisch geriebener Parmesan
180 ml Olivenöl
Salz

TOMATEN PESTO

Transparente Tüten für das Tomatenpesto

Material
Transparentpapier in Weiß
Masking Tape in Rot
gemustert
Fotokarton in Rot-Weiß
gepunktet oder gestreift
Fotokarton in Grau
Satinband in Olivgrün,
3 mm breit
Musterbeutelklammern
Holzwäscheklammer
Cutter und Schneide-
unterlage
Motivstanzer „Kreis",
ø 2,5 cm
Zirkel

Schneiden Sie für die Tüte ein 32 cm x 24 cm großes Transparentpapier-rechteck aus und falten Sie es parallel zur kurzen Seite bei 3 cm und 13 cm nach innen. Kleben Sie die Kanten mit Masking Tape zusammen.

Falten Sie dann die untere Kante bei 8 cm nach oben und richten Sie die entstandene Lasche im rechten Winkel wieder auf. Ziehen Sie auf der linken Seite die zwei Papierschichten auseinander und drücken Sie das Papier flach, sodass sich ein gleichschenkliges Dreieck bildet. Verfahren Sie genauso auf der anderen Seite. Falten Sie jetzt die obere und untere Spitze zur Mitte und schließen Sie den Boden mit Masking Tape.

Schneiden Sie 8 cm vom oberen Rand entfernt einen 5 mm breiten, horizon-talen Schlitz mittig durch beide Tütenlagen. Stanzen Sie dann zwei Kreise aus und setzen Sie mittig je einen 5 mm langen Schnitt. Befestigen Sie die Kreise mit je einer Musterbeutelklammer auf der Vorder- und Rückseite der Tüte. Falten Sie die Tüte in einem Abstand von 3 cm zum oberen Tüten-rand. Knoten Sie das Satinband um den Kreis auf der Tütenrückseite. Stellen Sie das Glas in die Tüte und schließen Sie sie, indem Sie das Band um den Kreis auf der Vorderseite wickeln.

Für das Etikett werden mit einem Cutter Buchstaben aus einem 5 cm großen Kreis ge-schnitten. Bekleben Sie zum Schluss eine Holzwäscheklam-mer mit Masking Tape und be-festigen Sie das Etikett damit.

Schafskäsewürfel
Geschmack des Südens

Schafskäsewürfel

Lassen Sie den Feta abtropfen und tupfen Sie ihn trocken. Vermischen Sie die Kräuter der Provence, den Rosa Pfeffer, die Pinienkerne, den getrockneten Chili und das Piment d'Espelette miteinander zu einer Gewürzmischung.

Schichten Sie nun in den Gläsern abwechselnd den Feta, den Knoblauch, die frischen roten Chilischoten und die Gewürzmischung. Füllen Sie anschließend das Öl in die Gläser, sodass die Zutaten vollständig bedeckt sind. Lassen Sie den Feta vor dem Verzehr mindestens 1 Tag lang durchziehen.

Serviervorschlag: Mischen Sie die Fetawürfel unter einen bunten Salat und verwenden Sie das Öl für die Salatsoße. Alternativ können Sie die Käsewürfel leicht abtropfen lassen und mit geröstetem Ciabatta servieren.

Die Schafskäsewürfel sind gekühlt ca. eine Woche haltbar.

Etikett

Schneiden Sie für das Etikett ein ca. 6 cm x 11 cm großes Rechteck aus dem grünen Tonpapier aus. Bestempeln Sie das Rechteck mit dem Schriftzug und bringen Sie in jeder Ecke des Etiketts eine Öse an. Ziehen Sie dann zwei ausreichend lange Kordelstücke oben und unten durch die Ösen und befestigen Sie das Etikett mit der Kordel am Glas.

Material
Buchstabenstempel
Stempelfarbe in Dunkelgrün
Kordel in Rot-Weiß
Tonpapier in Grün
Ösen in Silber
Loch- und Ösenzange

Zutaten für 3 Gläser à 400 ml

400 g Feta, gewürfelt
2 EL Kräuter der Provence
1 EL Rosa Pfeffer
4 EL Pinienkerne
1 EL getrocknete Chili
2 EL Piment d'Espelette oder Chilipulver
4 kleine Knoblauchzehen, in feine Scheiben gehobelt
6 frische rote Chilischoten
400–500 ml Sonnenblumen- oder Olivenöl

Kokos-Joghurt-Kugeln
exotisch-frisch

Beginnen Sie mit diesem Rezept mindestens 4 Tage im Voraus. Den Joghurt und den Schmand zusammen mit dem Zitronensaft, dem Olivenöl und dem Salz in einer Schüssel mit dem Schneebesen cremig rühren.

Ein Sieb mit einem Passiertuch (bzw. Mull- oder Küchenhandtuch) auslegen und die Masse hineingießen. Fassen Sie die Enden des Tuches zusammen und binden Sie sie mit einer Schnur zusammen. Das Tuch über einem Topf mit zwei Henkeln befestigen und die Masse 2 bis 3 Tage lang an einem kühlen Ort abtropfen lassen. Das Abtropfwasser zwischendurch entfernen.

Wenn die Joghurtmasse fest ist, geben Sie die Kokosflocken in einen tiefen Teller. Formen Sie walnussgroße Bällchen aus der Joghurtmasse und wenden Sie sie in den Kokosflocken.

Anschließend etwas Öl in die Gläser geben und die Kokosbällchen Schicht für Schicht einfüllen. Eine Mischung aus dem Schwarzkümmel und dem Pfeffer zwischen die einzelnen Lagen streuen und immer wieder Olivenöl zugießen, bis die Joghurtkugeln vollständig bedeckt sind. Zum Schluss in jedes Glas eine Chilischote und ein Lorbeerblatt geben. Vor dem Verzehr mindestens 1 Tag lang ziehen lassen.

Serviervorschlag: Zu Blattsalaten oder knuspriger Baguette servieren.

Die Kokos-Joghurt-Kugeln sind gekühlt zwei bis drei Wochen haltbar.

Die Verpackungsidee für die eingelegten Kokos-Joghurt-Kugeln finden Sie auf Seite 50/51.

Zutaten für
2 Gläser à 250 ml

Für die Joghurtkugeln
500 g Joghurt
(mind. 3,5% Fett)
100 g Schmand
1 TL Zitronensaft
1 EL Olivenöl
1 gestrichener TL Salz
6–8 EL Kokosflocken

Für die Marinade
1 EL Schwarzkümmel
1 EL schwarze Pfefferkörner
2 getrocknete rote Chilischoten
2 Lorbeerblätter
Olivenöl

Etikett aus Kreisen
für die Kokos-Joghurt-Kugeln

Material
Fotokarton in Grün
Buchstabenstempel
Stempelfarbe in Weiß
doppelseitige Klebefolie
Schleifenband in Grün-Rot
gemustert, 1 cm breit,
ca. 80 cm lang
Zirkel

Zeichnen Sie fünf 2,5 cm große Kreise auf den grünen Fotokarton, schneiden Sie sie aus und bestempeln Sie sie mit dem Buchstabenstempel. Sind die Kreise zu groß für die Buchstaben, können Sie wie abgebildet rechts und links ein Stück vom Fotokarton gerade abschneiden.

Kleben Sie nun die Fotokartonstücke mit doppelseitiger Klebefolie mittig auf das Schleifenband und binden Sie das Schleifenband um das Glas. Hübsch sieht es aus, wenn Sie die Bandenden etwas länger lassen.

JOGHURTKUGELN

Kirsch-Chutney
mit Datteln und Sternanis

Geben Sie die Zutaten in einen Topf, mischen Sie alles gut und bringen Sie die Masse unter Rühren zum Kochen. Alles im offenen Topf bei mittlerer Temperatur ca. 40 Minuten lang dick einkochen. Dabei des Öfteren umrühren, damit die Masse nicht anbrennt.

Entfernen Sie den Sternanis, bevor Sie das Chutney mithilfe eines Trichters in sterilisierte Gläser randvoll abfüllen. Die Gläser sofort verschließen und auf die Deckel stellen. Drehen Sie die Gläser wieder um, nachdem sie leicht abgekühlt sind.

Serviervorschlag: Passt z. B. ausgezeichnet zu Bündner Fleisch oder zu rezentem Camembert oder Ziegenkäse.

Das Kirsch-Chutney ist ca. sechs Monate haltbar.

Die Verpackungsidee für das Kirsch-Chutney finden Sie auf Seite 54/55.

Zutaten für
4 Gläser à 200 ml

750 g Sauerkirschen, entsteint, gewaschen und trocken getupft
100 g Zwiebeln, geschält, grob gewürfelt
50 g getrocknete Datteln, gewürfelt
225 g Zucker
125 ml Sherryessig
2–3 Sternanis

Blütenschmuck
für das Kirsch-Chutney

Material
Fotokarton in Lavendel-Weiß gepunktet
Fotokarton in Violett-Weiß gemustert
Tonpapier in Weiß
Seidenpapier in Weiß
Satinband in Bordeauxrot, 3 mm breit
doppelseitige Klebefolie
Cutter und Schneide-unterlage
Lineal
Nagelschere
wasserfester Filzstift in Schwarz

Schneiden Sie für das Etikett ein 1,5 cm x 5,5 cm großes Rechteck aus dem weißen Tonpapier aus und beschriften Sie es in Schreibschrift. Die senkrechten Striche der Schrift nachträglich wie abgebildet verbreitern. Kleben Sie das Etikett nun auf ein 2 cm x 6 cm großes Rechteck aus dem violett-weiß gemusterten Fotokarton.

Schneiden Sie für die Banderole einen 3 cm x 25 cm großen Streifen aus dem gepunkteten Fotokarton und kleben Sie das Etikett auf die Banderole. Befestigen Sie die Banderole am Glas.

Schneiden Sie für die Blüte drei 5 cm große Kreise aus dem weißen Seidenpapier aus. Falten Sie jeden Kreis dreimal zu einem Achtelkreis. Schneiden Sie nun mit einer Nagelschere Dreiecke, Vierecke oder Halbkreise in die geraden Kanten. Falten Sie das Seidenpapier vorsichtig auseinander.

Legen Sie die Kreise übereinander, sodass zwei gegenüberliegende Löcher durch alle Papierschichten führen. Ziehen Sie das Satinband durch diese Löcher und binden Sie die Papierblüte um das Glas. Zupfen Sie zum Schluss die Blüte zurecht.

Kirsch-Chutney

Kirsch-Chutney

Raffiniertes Rhabarber-Relish mit Mandeln

Geben Sie alle Zutaten außer den Salbei und die Mandeln in einen hohen Topf. Köcheln Sie alles 20 bis 30 Minuten lang bei mittlerer Hitze, bis das Relish eine marmeladenähnliche Konsistenz hat, und schmecken Sie das Relish ab. Süßen Sie ggf. nach.

Mischen Sie dann den Salbei und die Mandeln unter die Masse und füllen Sie das Relish in sterilisierte Twist-off-Gläser randvoll ab. Die Gläser sofort verschließen und auf die Deckel stellen. Die Gläser nach dem Abkühlen wieder umdrehen.

Serviervorschlag: Das Relish schmeckt zu gebratener Ente, zu Fleischfondue oder auch zu Curry.

Das Rhabarber-Relish ist neun bis zwölf Monate haltbar.

Die Verpackungsidee für das Rhabarber-Relish finden Sie auf Seite 58/59.

Zutaten für 6 Gläser à 150 ml

650 g Rhabarber, geputzt und in 1–2 cm lange Stücke geschnitten
175 g Schalotten, fein gehackt
2 Knoblauchzehen, fein gehackt
180 g brauner Zucker
½–1 TL schwarze Pfefferkörner, fein gemörsert
1 TL Senfkörner, fein gemörsert
½ TL Pimentkörner, fein gemörsert
½ TL gemahlener Kurkuma
½–1 TL Meersalz
200 ml Apfelessig
½ Bund Salbei (ca. 20 g Blätter), grob gehackt
75 g gestiftelte Mandeln

Schlichte Manschetten
für das Rhabarber-Relish

Material
Fotokarton in Schwarz
Tonpapier in Weiß
Cutter und Schneide-
unterlage
Goldstift
Alphabetschablone
Ornamentstempel
Stempelfarbe in Schwarz
Konturenschere mit
Wellenrand
doppelseitige Klebefolie
oder Klebstoff

Vorlage Seite 120

Die Banderole von der Vorlage auf den schwarzen Fotokarton übertragen und mit der Schere oder dem Cutter ausschneiden. Falzen Sie die Banderole an den gestrichelten Linien.

Schneiden Sie für die Etiketten zwei 4,5 cm x 4,5 cm große Quadrate aus dem weißen Tonpapier aus. Beschriften Sie die Etiketten mithilfe der Alphabetschablone und des Goldstifts und verzieren Sie sie ober- und unterhalb der Schrift mit dem Ornamentstempel. Gestalten Sie den oberen Rand der Etiketten mit der Konturenschere.

Kleben Sie zum Schluss die Etiketten mit doppelseitiger Klebefolie auf die Banderole und legen Sie die Banderolen um das Glas. Wenn Sie wollen, können Sie zusätzlich ein Band um den Hals des Glases binden.

MIT LIEBE
GEMACHT

MIT LIEBE
GEMACHT

MIT LIEBE
GEMACHT

Würziges Zwetschgenchutney mit exotischen Aromen

Zerdrücken Sie die Zimtstange und mörsern Sie den Zimt zusammen mit dem Piment, dem schwarzen Pfeffer, dem weißen Pfeffer, den Nelken, den Senfkörnern und dem Sternanis zu einer groben Gewürzmischung.

Karamellisieren Sie den Zucker in einem hohen Topf, bis er flüssig und hellbraun ist. Geben Sie dann die Zwiebeln hinzu und anschließend die Zwetschgen, den Chili, den Ingwer und die vorbereitete Gewürzmischung. Zwischendurch gut verrühren. Nun den Rotweinessig hinzugießen, die Masse einmal aufkochen lassen und anschließend bei mittlerer Temperatur ca. 15 bis 20 Minuten lang köcheln lassen. Hin und wieder umrühren.

Anschließend alles grob pürieren und das Chutney mithilfe eines Trichters in sterilisierte Twist-off-Gläser randvoll abfüllen. Die Gläser sofort verschließen und auf die Deckel stellen. Die Gläser nach dem Abkühlen wieder umdrehen.

Serviervorschlag: Ob zu Ente, Wild oder Rinderbraten oder mit Rotwein verdünnt als Salatsoße: das Chutney ist vielseitig verwendbar.

Das Chutney ist ca. ein Jahr haltbar.

Die Verpackungsidee für das Zwetschgen-Chutney finden Sie auf Seite 62/63.

Zutaten für 5 Gläser à 240 ml

1 Zimtstange
½ TL Pimentkörner
½ TL schwarze Pfefferkörner
½ TL weiße Pfefferkörner
3–4 Nelken
1 EL Senfkörner
3 Sternanis
3 mittelgroße Zwiebeln, gehackt
500 g brauner Zucker
1 kg Zwetschgen, halbiert und entsteint
1–2 scharfe rote Chilischoten, fein gehackt
10 cm frischer Ingwer, fein gewürfelt
150 ml Rotweinessig

Runde Schachteln
für das Zwetschgenchutney

Material

Fotokarton in Weiß, Grün
oder Dunkelgrün
Masking Tape in Grün
gemustert
Satinband in Blau,
3 mm breit, 85 cm lang
doppelseitige Klebefolie
Konturenschere
mit Zackenrand
Cutter und Schneide-
unterlage
Motivstanzer „Kreis",
ø 2,5 cm
Tonpapier in Weiß
Textstempel zum
Selbersetzen
Klebeetikett,
1,8 cm x 5 cm

Für das Unterteil schneiden Sie zwei Kreise mit einem Durchmesser von
8,6 cm und einen 28,5 cm x 7,8 cm großen Streifen aus dem Fotokarton aus.
Schneiden Sie mit der Konturenschere entlang einer Hilfslinie (5 mm von
einer langen Seite entfernt). Die Zacken berühren dabei die Linie. Entlang
der Hilfslinie falzen und die Zacken im rechten Winkel zurückfalten.

Kleben Sie den Streifen – die Enden überlappen 1 cm – zum Schachtelrand
zusammen. Setzen Sie als Nächstes von oben einen der beiden Kreise in den
Schachtelrand. Der zweite Kreis wird mit doppelseitiger Klebefolie beklebt
und vorsichtig von unten auf den Schachtelboden gedrückt, sodass die
Zacken zwischen den Kreisen liegen. Bekleben Sie die Schachtel anschließend mit Masking Tape. Stanzen Sie wie unten abgebildet zwei Halbkreise
aus dem Schachtelrand aus.

Die Kreise für die Deckel haben einen Durchmesser von 8,75 cm und der
Streifen die Maße 28,9 cm x 3,5 cm. Den Deckel wie das Unterteil der
Schachtel (ohne ausgestanzte Halbkreise) fertigen. Den Deckel auf das
Unterteil setzen und jeweils zwei gegenüberliegende Schlitze 5 mm unter-
halb des Deckels sowie knapp über dem Boden einschneiden. Fädeln Sie das
Satinband wie abgebildet durch die Schlitze.

Bestempeln Sie zum Schluss ein schmales
Etikett aus weißem Tonpapier und das Etikett
für das Glas. Lochen Sie das Etikett für die
Schachtel, fädeln Sie es auf das Satinband
und binden Sie das Band zu einer Schleife.

Pfirsich-Chutney
sommerlich-frisch

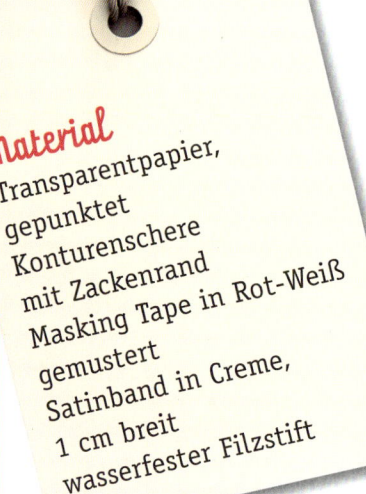

Material
Transparentpapier, gepunktet
Konturenschere mit Zackenrand
Masking Tape in Rot-Weiß gemustert
Satinband in Creme, 1 cm breit
wasserfester Filzstift

Pfirsich-Chutney

Geben Sie die Pfirsiche, die Zwiebeln, die Chili, die Paprika, den Ingwer und den Knoblauch in einen großen Topf und rühren Sie alles durch. Anschließend den Zucker, das Salz, das Kurkuma, die Senfkörner, den Apfelessig und die Vanillestange unterrühren.

Erhitzen Sie das Chutney bei mittlerer Temperatur unter Rühren und lassen Sie es ca. 15 bis 20 Minuten lang köcheln. Entfernen Sie dann die Vanilleschote und füllen Sie das Chutney mithilfe eines Trichters in sterilisierte Twist-off-Gläser randvoll ab. Die Gläser sofort verschließen und auf die Deckel stellen. Lassen Sie die Gläser leicht abkühlen und drehen Sie sie wieder um.

Serviervorschlag: Das Chutney kann man zu Fleischfondue reichen; es passt auch zu Fleisch, Geflügel, Fisch, Gemüse und Tofu.

Das Pfirsich-Chutney ist ca. drei Monate haltbar.

Etikett

Beschriften Sie für das Etikett zunächst das gepunktete Transparentpapier mit dem wasserfesten schwarzen Filzstift und schneiden Sie es mit der Konturenschere um die Schrift herum oval, rund oder eckig aus. Kleben Sie dann das Etikett mit dem rot-weißen Masking Tape auf dem Deckel des Glases fest. Binden Sie anschließend das cremefarbene Band um das Glas und kürzen Sie die Enden des Bandes auf die gewünschte Länge. Fassen Sie zum Schluss die Schnittkanten des Bandes mit Masking Tape ein.

Zutaten für 4 Gläser à 250 ml

4 Pfirsiche (ca. 750 g), in kleine Würfel geschnitten
4 mittelgroße Zwiebeln (ca. 250 g), geschält und fein gewürfelt
2 rote Chili, fein gewürfelt
1 rote Paprika, geputzt und fein gewürfelt
100 g frischer Ingwer, fein gewürfelt
2 Knoblauchzehen, fein gewürfelt
50 g Zucker
1 TL Salz
1 TL Kurkuma
1 TL Senfkörner
200 ml Apfelessig
1 Vanillestange, längs aufgeschnitten

Pfirsich-Chutney

Pfirsich-Chutney

Rote-Bete-Meerrettich-Relish
fruchtig-aromatisch

Vermischen Sie die Rote Bete, die Zwiebeln, die Äpfel, den Zucker und den Apfelessig. Erhitzen Sie die Masse langsam, bis sie anfängt zu kochen. Bei geringer Temperatur 60 bis 75 Minuten lang köcheln lassen. Die Mischung erhält dabei eine marmeladenähnliche Konsistenz.

Nehmen Sie den Topf vom Herd und rühren Sie den frisch geriebenen Meerrettich unmittelbar vor dem Abfüllen in das Relish. Nach Wunsch können Sie auch mehr als die angegebene Menge Meerrettich verwenden. Dann das Relish in sterilisierte Twist-off-Gläser randvoll abfüllen. Die Gläser sofort verschließen und auf die Deckel stellen. Die Gläser nach dem Abkühlen wieder umdrehen. Lassen Sie das Relish 4 bis 6 Wochen lang kühl und dunkel ruhen, damit sich das Aroma voll entfalten kann.

Serviervorschlag: Das Relish passt zu kalten Fleischgerichten, zu Gegrilltem und zu Rollmöpsen.

Das Rote-Bete-Meerrettich-Relish ist ca. ein Jahr haltbar.

Die Verpackungsidee für das Rote-Bete-Meerrettich-Relish finden Sie auf Seite 68/69.

Zutaten für 5 Gläser à 150 ml

500 g Rote Bete, gekocht und grob geraspelt
2 mittelgroße rote Zwiebeln, in feine Streifen geschnitten
250 g mürbe Äpfel (z. B. Boskop, Cox Orange, Elstar), geschält, cntkernt und geraspelt
150 g brauner Zucker
350 ml Apfelessig
50 g frischer Meerrettich, frisch gerieben

Banderole mit Fenster für das Rote-Bete-Meerrettich-Relish

Schneiden Sie aus dem Packpapier einen 5 cm x 26 cm großen Streifen aus. Falls das Glas dicker ist, die Länge des Streifens dementsprechend anpassen. Falzen Sie ihn parallel zur kurzen Seite in der Mitte. Zeichnen Sie 3 cm und 12 cm vom Falz entfernt zwei Hilfslinien auf das Packpapier. Schneiden Sie dann aus der oberen Papierschicht genau in der Mitte der beiden Hilfslinien einen 3 cm großen Kreis aus.

Nähen Sie nun an der Nähmaschine mit Geradstich an den beiden Linien entlang. Vernähen Sie die Nähte durch mehrmaliges Vor- und Zurücknähen und schneiden Sie die Enden der Fäden ab. Bestempeln Sie zum Schluss den breiten Rand der Banderole mit dem Text- und dem Blumenstempel.

Rote-Bete-
Meerrettich
Relish

Aromaküche

Verschiedene Aromen faszinieren die Menschheit seit jeher, denn der Geruchssinn scheint einen besonders direkten Draht zu unserem Gefühlsleben zu haben. Aromen wirken belebend, erfrischend, aufbauend, entspannend – einfach wohltuend. Aromaküche ist deshalb ein Fest für die Sinne!

FÜR DICH

FÜR DICH

FÜR :
VON :

FÜR :
VON :

Salat- und Gemüsefreunde kommen hier besonders auf ihre Kosten, denn die Essige und Öle aus Früchten, Kräutern oder Pilzen verleihen knackigen Wintersalaten und gedünsteten Gemüsen eine besondere Note. Aber auch Fisch, Lamm oder Wild können damit sehr schmackhaft verfeinert werden.

MIT LIEBE GEMACHT

MIT LIEBE GEMACHT

Beeren-Essig mit Rosmarin

Material
Transparentpapier in Weiß
Tonpapier in Weiß
Faden in Weiß
Lochzange
Masking Tape
Konturenschere mit
Wellenrand

Vorlage Seite 120

Beeren-Essig

Zerdrücken Sie die Beeren mit 100 ml Weißweinessig mit einem Rührlöffel in einer Schüssel. Füllen Sie die Mischung mit je einem Rosmarinzweig in zwei Schraubgläser à 500 ml, gießen Sie den restlichen Weißweinessig hinzu und schütteln Sie die verschlossenen Gläser kräftig. Die Gläser an einem warmen Ort 2 Wochen ziehen lassen.

Legen Sie ein Sieb mit einem Passiertuch oder mit Küchenkrepp aus und gießen Sie den Essig durch das Tuch in einen Topf. 2 bis 3 Stunden lang abtropfen lassen, die Früchte aber auf keinen Fall auspressen. Der Essig wird sonst trüb.

Geben Sie jetzt den Zucker zum Essig hinzu. Lassen Sie den Essig bei geringer Temperatur unter Rühren ca. 10 Minuten lang köcheln. Den abgekühlten Essig in sterilisierte Flaschen abfüllen, einige Himbeeren oder Johannisbeeren hinzugeben und die Flaschen verschließen.

Serviervorschlag: Der Essig schmeckt besonders gut zu Wildgerichten und zu Salaten, die mit Früchten zubereitet werden.

Der Beeren-Essig ist ca. ein Jahr haltbar.

Zarte Banderole

Kopieren Sie die Schrift auf Transparentpapier und schneiden Sie das Etikett aus. Schneiden Sie aus dem Tonpapier zwei 1,5 cm x 16 cm große Streifen zu, verzieren Sie eine Kante mit der Konturenschere entlang einer Hilfslinie (5 mm von einer langen Seite entfernt) und stanzen Sie wie abgebildet Löcher. Nähen Sie die Bordüre von hinten an das Etikett und befestigen Sie das Etikett mit Masking Tape an der Flasche.

Zutaten für 3 Flaschen à 200 ml

250 g Himbeeren, verlesen und gewaschen
250 g Johannisbeeren, abgestreift und gewaschen
600 ml Weißweinessig
2 Rosmarinzweige
50 g Zucker

Nach zwei Wochen hinzugeben:
Johannisbeeren oder Himbeeren
evtl. Rosmarinzweige

Steinpilzöl
exquisites Aroma

Material

Fotokarton in Braun
Bananen- oder Naturpapier
Buchstabenstempel
Stempelgummi, Radier-
gummi oder Kartoffel
Stempelfarbe in Braun
und Weiß
doppelseitige Klebefolie
Cutter und Schneide-
unterlage

Vorlage Seite 122

Steinpilzöl

Geben Sie die Steinpilze und den Knoblauch in eine 750 ml große Flasche. Entfernen Sie die Schale der Zitrone mit einem Zestenreißer oder mit einem Sparschäler und geben Sie die Schalenstücke ebenfalls in die Flasche. Gießen Sie das Öl hinzu und verschließen Sie die Flasche.

Lassen Sie das Öl zusammen mit den anderen Zutaten 2 bis 3 Wochen lang ziehen. Gießen Sie dann das Öl durch ein Sieb ab, verteilen Sie es in die Flaschen und fügen Sie zur Dekoration einige kleinere Steinpilze hinzu.

Serviervorschlag: Das Steinpilzöl gibt Blattsalaten und Gemüse eine feine Note. Geben Sie es z. B. auf geröstete Crostini, mit denen Sie den Salat garnieren.

Das Steinpilzöl ist ca. sechs Monate haltbar.

Banderole

Schneiden Sie aus dem Fotokarton nach Vorlage die Banderole und aus dem Bananenpapier einen Streifen aus, der so lang wie der Fotokarton ist, aber 4 mm schmaler. Fertigen Sie wie auf Seite 30 beschrieben einen Stempel und schneiden Sie ihn zwischen Kopf und Fuß auseinander. Stempeln Sie nun Unter- und Oberteil in zwei Farben auf.

Kleben Sie das Bananenpapier auf den Fotokarton. Schneiden Sie das über die Lasche überstehende Papier ab und schneiden Sie den Schlitz mit dem Cutter nach. Stempeln Sie nun den Text auf die Lasche. Kleben Sie zum Schluss einen Streifen doppelseitige Klebefolie an das gerade Ende der Banderole. Ziehen Sie nun noch die Lasche durch den Schlitz und kleben Sie die Banderole um die Flasche.

**Zutaten für
6 Flaschen à 100 ml**

30 g getrocknete
Steinpilze
1 Knoblauchzehe,
geschält und der Länge
nach halbiert
1 Bio-Zitrone, heiß
abgewaschen
650 ml Olivenöl

STEIN-
PILZÖL

STEIN-
PILZÖL

STEIN-
PILZÖL

Zitrusgartenessig
mit Zitronengras

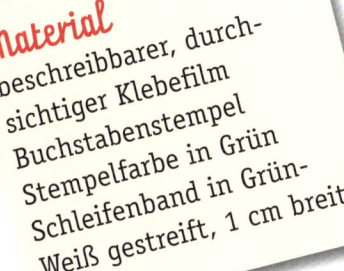

Material
beschreibbarer, durch-
sichtiger Klebefilm
Buchstabenstempel
Stempelfarbe in Grün
Schleifenband in Grün-
Weiß gestreift, 1 cm breit

Zitrusgartenessig

Schneiden Sie mit einem Sparschäler breite Streifen (möglichst ohne weiße Haut) aus der Orangen- und der Zitronenschale. Schneiden Sie die Limette und die Kumquats mit Schale in kleine Stücke. Geben Sie jeweils einen Zitronengrasstängel und ein paar Kandisstücke in die sterilisierten Flaschen. Anschließend die Früchte und zum Schluss den Majoranzweig hinzugeben. Alles mit dem Weißweinessig übergießen und mindestens 3 Wochen lang an einem warmen Ort ziehen lassen.

Serviervorschlag: Der Zitrusgartenessig passt ausgezeichnet zu Wintersalaten wie Ackersalat oder Chicorée, die süß-pikant angemacht werden.

Der Zitrusgartenessig ist ca. sechs Monate haltbar.

Beschriftung

Schneiden Sie drei ca. 12 cm lange Streifen Klebefilm ab und schlagen Sie die Enden jeweils 1 cm nach innen ein. Den Klebefilm nur an diesen Enden anfassen, um Fingerabdrücke zu vermeiden. Kleben Sie die Streifen vorsichtig auf Klarsicht-folie und bestempeln Sie sie nun.

Lassen Sie die Schrift trocknen und kleben Sie sie von unten beginnend auf die Flasche. Schneiden Sie die umgeschlagenen Enden des Klebefilms ab und binden Sie zum Schluss eine Schleife um den Hals der Flasche.

**Zutaten für
3 Flaschen à 250 ml**

1 Bio-Orange, gewaschen und abgetrocknet
1 Bio-Zitrone, gewaschen und abgetrocknet
1 Bio-Limette, gewaschen und abgetrocknet
3 Zitronengrasstängel
2 TL braune Kandisstücke
4 Kumquats, gewaschen, abgetrocknet und in Scheiben geschnitten
2–3 Majoranzweige
750 ml Weißweinessig

Lavendel-Thymian-Öl
Duft der Provence

Brausen Sie den Lavendel und den Thymian vorsichtig ab, schütteln Sie sie trocken und trocknen Sie die Kräuterzweige 3 bis 4 Tage auf einem Küchentuch.

Verteilen Sie dann die Kräuterzweige in die Flaschen und füllen Sie die Flaschen mit dem Sonnenblumenöl auf. Die verschlossenen Flaschen sollten mindestens 2 Wochen lang an einem kühlen, dunklen Ort ziehen.

Das Lavendel-Thymian-Öl ist ca. sechs Monate haltbar.

Serviervorschlag: Das Lavendel-Thymian-Öl passt ausgezeichnet zu leichten Blattsalaten. Kurz vor dem Servieren auf gegrillten Fisch oder auf Lamm geträufelt, erhält das Fleisch eine besondere Note. Die Blüten und Blätter können mit verzehrt werden.

Etikett
Schneiden Sie einen 3 cm x 15 cm großen Streifen aus dem Fotokarton aus und stempeln Sie den Etikettenrahmen auf den Fotokarton oder zeichnen Sie den Rahmen von Hand mit Buntstift auf. Lochen Sie das Etikett links vom Etikettenrahmen.

Beschriften Sie anschließend das Etikett mit dem wasserfesten schwarzen Filzstift und gestalten Sie es wie abgebildet mit der Konturenschere. Zum Schluss das Etikett mit dem Satinband um die Flasche binden.

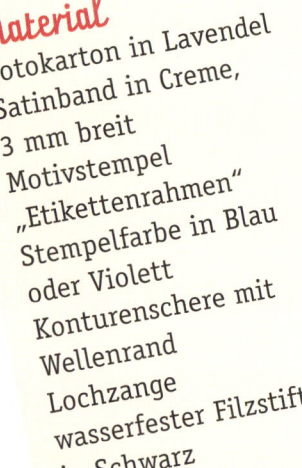

Material
Fotokarton in Lavendel
Satinband in Creme,
3 mm breit
Motivstempel
„Etikettenrahmen"
Stempelfarbe in Blau
oder Violett
Konturenschere mit
Wellenrand
Lochzange
wasserfester Filzstift
in Schwarz

Zutaten für
4 Flaschen à 250 ml

16 Thymianstängel
16 Lavendelstängel
mit Blüten
1 l Sonnenblumenöl

Mediterrane Würze
für Suppen und Soßen

Schälen bzw. putzen Sie das Gemüse und würfeln Sie es grob. Der Lauch wird in Streifen geschnitten. Wiegen Sie die vorbereiteten Zutaten ab und geben Sie alles – bis auf das Salz – in eine Schüssel. Die Masse sollte genau 700 g ergeben. Nun das Salz hinzugeben und alles in einem Mixer fein pürieren.

Füllen Sie anschließend die Paste randvoll in sterilisierte Twist-off-Gläser ab. Klopfen Sie dabei zwischendurch den Boden der Gläser zwei- oder dreimal kräftig auf die Arbeitsfläche, um Lufteinschlüsse in der Paste zu vermeiden. Dann die Gläser schließen.

Serviervorschlag: Die Würze kann wie Gemüsebrühe verwendet werden. Hierzu einfach mit kochendem Wasser übergießen und verrühren – schon haben Sie eine heiße Bouillon. Die Würze eignet sich auch zum Verfeinern von Suppen, von Reis oder von Salatdressings.

Die mediterrane Würze ist gekühlt ca. ein Jahr haltbar.

Die Verpackungsidee für die mediterrane Würze finden Sie auf Seite 86/87.

Zutaten für 4 Gläser à 200 ml

150 g Möhren
100 g Knollensellerie
100 g Lauch
100 g Paprikaschote
100 g Petersilienwurzel
100 g getrocknete Tomaten, in Öl eingelegt, abgetropft und halbiert
1–2 glatte Petersilienzweige, grob gehackt
Blätter von 2 Salbeizweigen und 2–3 Basilikumzweigen, jeweils in Streifen geschnitten
Nadeln von 1 Zweig Rosmarin, fein geschnitten
Blätter von 2 Thymianzweigen
2–3 Knoblauchzehen, gehackt
50 g schwarze Oliven, abgetropft und entsteint
100 g Meersalz

Tütenschachteln
für die mediterrane Würze

Übertragen Sie die Schachtel von der Vorlage auf die Rückseite des gemusterten Fotokartons und schneiden Sie sie aus. Falzen Sie die gestrichelten Linien von der Rückseite und die gepunkteten Linien von der Vorderseite des Fotokartons. Kleben Sie doppelseitige Klebefolie auf die Laschen der Schachtel und setzen Sie die Schachtel zusammen.

Schneiden Sie für das Etikett einen 4 cm großen Kreis aus dem blauen Tonpapier aus und gestalten Sie ihn mit der Konturenschere. Aus dem weißen Tonpapier einen 3,2 cm großen Kreis ausschneiden und den Kreis mit dem Schriftzug bestempeln. Kleben Sie dann den kleinen Kreis auf den großen Kreis.

Anschließend das Etikett mit der doppelseitigen Klebefolie auf der Vorderseite der Schachtel anbringen. Fertigen Sie auf die gleiche Weise ein zweites Etikett und bringen Sie es auf dem Deckel des Glases an.

Zum Schluss das mit einem Satinband verzierte Glas in die Schachtel stellen. Die Schachtel mit einer Schleife zubinden.

material

beidseitig bedruckter, gemusterter Fotokarton
Tonpapier in Blau und Weiß
Buchstabenstempel
Stempelfarbe in Blau
Lochzange
Konturenschere mit Zackenrand
doppelseitige Klebefolie
Satinband in Blau, 3 mm breit

Vorlage Seite 121

Rosmarinsirup mit Orangenaroma

Kochen Sie den Rosmarin, den Zitronensaft, das Wasser, den Pfeffer und den Zucker zusammen in einem Topf auf. Lassen Sie alles 10 Minuten lang bei geringer Temperatur ziehen. Gießen Sie anschließend den Sirup durch ein Sieb, um die Gewürze zu entfernen.

Rühren Sie nun die Orangenmarmelade in den heißen Rosmarinsirup. Füllen Sie zum Schluss den Rosmarinsirup in sterilisierte Flaschen ab und verschließen Sie die Flaschen.

Serviervorschlag: Entweder den gekühlten Sirup mit kaltem Bitter Lemon aufgießen und als Sommergetränk genießen oder in Rosmarinsirup marinierte Melonenkugeln auf Prosecco als Aperitif servieren.

Der Rosmarinsirup ist vier bis sechs Monate haltbar.

Die Verpackungsidee für den Rosmarinsirup finden Sie auf Seite 90/91.

Zutaten für 2 Flaschen à 200 ml

4–5 Rosmarinzweige oder
4–5 TL getrockneter Rosmarin
Saft von 2 Zitronen
250 ml Wasser
1 ½ TL schwarze Pfefferkörner
250 g Zucker
2 ½ EL Orangenmarmelade mit Orangenschale

Stoffsäckchen für den Rosmarinsirup

Material

Leinen in Natur
Baumwollstoff in Orange-Weiß gepunktet
Holzklammer
Tonpapier in Weiß und Natur
Faden in Weiß
wasserfester Filzstift in Schwarz

Schneiden Sie aus dem Leinen zwei 11 cm x 23 cm große Rechtecke und aus dem Baumwollstoff ein 11 cm x 14 cm großes Rechteck aus. Nähen Sie die drei Stoffstücke an ihren 11 cm breiten Seiten an der Nähmaschine mit Geradstich zusammen, sodass der orangefarbene Stoff in der Mitte liegt. Bügeln Sie die Nähte auseinander.

Falten Sie den Stoff in der Mitte parallel zur kurzen Seite, sodass die rechte Seite des Stoffs innen liegt. Nähen Sie den Stoff nun an den langen Seiten zu einem Säckchen zusammen und vernähen Sie die Fadenenden, indem Sie mehrmals vor- und zurücknähen.

Schlagen Sie jetzt den oberen Rand des Säckchens 6 cm nach außen um und bügeln Sie die Bruchkante. Steppen Sie das Säckchen am oberen Rand füßchenbreit ab, ziehen Sie die Fadenenden auf die linke Seite und verknoten Sie sie. Nun das Säckchen wenden und bügeln.

Jetzt noch ein Etikett fertigen: Hierzu das Tonpapier zuschneiden, sodass das naturfarbene Tonpapier rundherum 2 mm kleiner als das weiße Tonpapier ist. Beschriften Sie anschließend das Etikett mit dem wasserfesten schwarzen Filzstift. Binden Sie einen 3 cm breiten orange-weiß gepunkteten Stoffstreifen als Band um das Säckchen und befestigen Sie das Etikett mit einer Holzklammer am Band.

Herbstschätze

Im Herbst ist die Zeit gekommen, zu Hause zu bleiben und in der Küche am wärmenden Ofen kreativ zu sein. Genießen Sie es jetzt, die Früchte des Herbstes in der Vorfreude auf den Winter und auf Weihnachten einzumachen und sich zu überlegen, welchen liebsten Menschen Sie damit eine Freude bereiten können!

ROTWEIN-
ZWETSCHGEN

ROTWEIN-
ZWETSCHGEN

ROTWEIN-ZWETSCHGEN

ROTWEIN-ZWETSCHGEN

ROTWEIN-ZWETSCHGEN

FEIGEN-SENF

FEIGEN-SENF

FEIGEN-SENF

Ob Zitrus-Kürbis-Kugeln, Rotweinzwetschgen oder Feigensenf – diese Rezepte versprechen den wahren Gaumenschmaus! Mal orientalisch, mal mediterran angehaucht, peppen diese Leckereien die unterschiedlichsten Speisen auf.

Zitrus-Kürbis-Kugeln mit Gewürzen

Stechen Sie Kugeln aus dem Hokkaido-Kürbis aus oder schneiden Sie 1,5 cm x 1,5 cm große Würfel zu. Zusammen mit dem Wasser, dem Orangensaft, dem Weißweinessig, dem Zucker, den Gewürznelken und dem Zimt in einen großen Topf geben. Kochen Sie alles auf und köcheln Sie den Kürbis, bis er bissfest ist. Geben Sie die Zitronen- und die Orangenscheiben hinzu und lassen Sie sie kurz mitziehen.

Nun den Topf vom Herd ziehen und den Kürbis mit einer Schaumkelle entnehmen. Entfernen Sie die Nelken und die Zimtstangen und geben Sie den Kürbis in sterilisierte Einmachgläser. Den Sud erneut aufkochen. Gießen Sie dann den Sud in die Gläser, legen Sie die Gummiringe und Deckel nass auf die Gläser und verschließen Sie jedes Glas mit zwei Klammern.

Stellen Sie die Gläser in einen Bräter, sodass sie sich nicht berühren. Gießen Sie einen ½ l ca. 80° C heißes Wasser in den Bräter und stellen Sie den Bräter in den Backofen. Erhitzen Sie den Backofen jetzt auf ca. 150° C. Sobald die Flüssigkeit in den Gläsern perlt, also in kurzen Abständen Bläschen aufsteigen, stellen Sie die Temperatur auf 130° C zurück. Nach weiteren 45 Minuten schalten Sie den Backofen aus. Lassen Sie die Gläser im Backofen abkühlen und entfernen Sie die Klammern.

Serviervorschlag: Der Kürbis passt sowohl zu geschmortem Wild als auch zu frisch gebratenem Fisch.

Die Zitrus-Kürbis-Kugeln sind ca. ein Jahr haltbar.

Die Verpackungsidee für die Zitrus-Kürbis-Kugeln finden Sie auf Seite 98/99.

Zutaten für 2–3 Gläser à 500 ml

1 Hokkaido-Kürbis,
ca. 1 kg, halbiert,
geschält und entkernt
½ Bio-Zitrone,
in ½ cm dicke Scheiben
geschnitten
1 Bio-Orange,
in ½ cm dicke Scheiben
geschnitten
500 ml Wasser
500 ml Orangensaft
100 ml Weißweinessig
600 g Zucker
4 Gewürznelken
2 Zimtstangen

Gläserschmuck
für die Zitrus– Kürbis–Kugeln

Material
Fotokarton in Türkis gemustert
Tonpapier in Türkis
Buchstabenstempel
Stempelfarbe in Schwarz
doppelseitige Klebefolie

Vorlage Seite 119

Übertragen Sie das Schildchen für die Buchstaben sechsmal von der Vorlage auf den gemusterten Fotokarton, schneiden Sie es jeweils aus und bestempeln Sie es.

Schneiden Sie nun zwei 1 cm x 55 cm große Streifen aus dem türkisfarbenen Tonpapier aus. Bei einem Streifen von der Mitte ausgehend ein 15 cm langes Stück mit Klebstoff einstreichen und die Schildchen eng nebeneinanderliegend an ihrer Aufhängung aufkleben. Den zweiten Streifen vollständig mit Klebstoff einstreichen und auf den ersten Streifen kleben, sodass die Aufhängung der Schildchen zwischen den Streifen liegt.

Legen Sie den Gläserschmuck nach dem Trocknen um den Hals des Glases und fixieren Sie den Tonpapierstreifen mit doppelseitiger Klebefolie auf der Rückseite. Die Enden des Tonpapierstreifens nach Wunsch kürzen. Zum Schluss noch einen Kreis in passender Größe aus dem gemusterten Fotokarton ausschneiden und den Deckel des Glases damit verzieren.

ROTWEIN-
ZWETSCHGEN

ROTWEIN-
ZWETSCHGEN

Rotweinzwetschgen
Herbstleckerei

Rotweinzwetschgen

Erhitzen Sie den Rotweinessig, den Rotwein, den Zucker, den Zimt und die Gewürznelken. Geben Sie die Zwetschgen hinzu, kochen Sie alles einmal auf und entnehmen Sie die Früchte anschließend mit einer Schaumkelle. Füllen Sie die Zwetschgen mithilfe eines Trichters in sterilisierte Einmachgläser.

Entfernen Sie die Gewürze aus dem Sud. Kochen Sie ihn erneut auf und gießen Sie ihn über die Zwetschgen. Legen Sie die Gummiringe und die Deckel nass auf die Gläser und verschließen Sie jedes Glas mit zwei Klammern. Sterilisieren Sie die Zwetschgen wie bei den Weißweinfrüchten auf Seite 33 beschrieben im Backofen.

Serviervorschlag: Die Rotweinzwetschgen schmecken sehr gut zu Wild, aber auch zu Vanilleeis und zu Pudding.

Die Rotweinzwetschgen sind ca. ein Jahr haltbar.

Etikett

Schneiden Sie für das Etikett ein Rechteck in passender Größe aus dem Tonpapier aus (hier 10 cm x 4,5 cm) und runden Sie die zwei unteren Ecken ab. Stempeln Sie wie abgebildet eine Bordüre mit weißer Farbe und dem Motivstempel auf den Rand des Etiketts. Bringen Sie nun zwei rote Ösen in den oberen Ecken des Etiketts an und stempeln Sie den Text auf. Zum Schluss ein rotes Satinband durch die Ösen ziehen und das Etikett am Glas festbinden.

Material

Tonpapier in Altrosa
Buchstabenstempel
Motivstempel „Blume"
oder „Ornament"
Stempelfarbe in Weiß
und Dunkelrot
Loch- und Ösenzange
Ösen in Rot
Satinband in Rot,
3 mm breit

Zutaten für 3 Gläser à 500 ml

4 EL Rotweinessig
500 ml trockener Rotwein
500 g (Kandis-)Zucker
1 Zimtstange
6 Gewürznelken
1 kg Zwetschgen, halbiert, entsteint und geviertelt

Grüne-Tomaten-Relish

Tomaten mal anders

Schälen Sie zunächst die Zitronen mit einem Zestenschneider oder mit einem Sparschäler und schneiden Sie die Schalen in dünne Streifen. Geben Sie dann die grünen Tomaten zusammen mit den Zitronenschalen und dem Zucker in einen hohen Topf und vermischen Sie alles gut. Den Topf abdecken und die Masse 24 Stunden lang ziehen lassen.

Dann kochen Sie die Masse langsam auf, bis sie karamellisiert. Die Masse wird beim Abkühlen fester, daher sollte sie warm nicht zu fest sein. Das Relish mithilfe eines Trichters in sterilisierte Twist-off-Gläser randvoll abfüllen. Die Gläser sofort verschließen und auf die Deckel stellen. Die Gläser kurz ruhen und abkühlen lassen und wieder umdrehen.

Serviervorschlag: Reichen Sie das Relish zu Lammpastete oder Parmesan.

Das Grüne-Tomaten-Relish ist ca. ein Jahr haltbar.

Die Verpackungsidee für das Grüne-Tomaten-Relish finden Sie auf Seite 104/105.

**Zutaten für
4 Gläser à 100 ml**

800 g grüne Tomaten, grob gewürfelt
Schale von 3 Bio-Zitronen
600 g Zucker

GRÜNE
TOMATEN
RELISH

Schlichte Banderole für das Tomaten-Relish

Übertragen Sie die Banderole von der Vorlage auf die Rückseite der Wellpappe und schneiden Sie sie aus. Die Länge der Banderole anpassen, falls das Glas größer ist. Schneiden Sie die Schlitze mit dem Cutter in die Wellpappe und falzen Sie die Wellpappe an den gestrichelten Linien. Legen Sie die Enden der Wellpappe so ineinander, dass die Schlitze der beiden Pappschichten übereinanderliegen.

Schneiden Sie die Enden des grün-weiß karierten Bandes schräg ab und fädeln Sie das Band zunächst durch den einen Schlitz von außen nach innen und dann durch den anderen Schlitz wieder von innen nach außen. Das Band durch die Wellpappe ziehen, sodass es auf der einen Seite etwa eineinhalb Mal so lang ist wie auf der anderen Seite.

Schneiden Sie als Nächstes für das Etikett ein Rechteck aus dem weißen Tonpapier aus (5,8 cm x 5 cm). Runden Sie die vier Ecken des Rechtecks ab, bestempeln Sie das Rechteck wie abgebildet mit dem Schriftzug und schneiden Sie zwei Schlitze ein. Fädeln Sie jetzt das Etikett wie abgebildet auf das Band, sodass es auf der Verpackung sitzt. Setzen Sie das Glas in die Banderole und verpacken Sie es wie ein Geschenk. Die Bänder kreuzen sich dabei auf der Rückseite der Banderole und werden auf der Vorderseite zu einer Schleife gebunden. Haben die Bänder nicht die richtige Länge für die Schleife, können Sie sie vor dem Zubinden noch zurechtziehen.

Material
Bastelwellpappe „Natur"
Tonpapier in Weiß
Cutter und Schneide-unterlage
Buchstabenstempel
Stempelfarbe in Grün und Rot
Band in Grün-Weiß kariert, 5 mm breit

Vorlage Seite 122

Feigensenf
lecker zu Käse

Bringen Sie den Zucker zusammen mit dem Himbeer- und dem Rotweinessig zum Kochen. Geben Sie dann die Feigen hinzu und kochen Sie alles bei geringer Temperatur 15 Minuten lang unter Rühren. Ziehen Sie anschließend den Topf vom Herd und lassen Sie alles leicht abkühlen.

Nachdem Sie das Senfmehl und den Honig zu der Feigenmasse gegeben haben, schmecken Sie den Senf nochmals mit Pfeffer ab. Füllen Sie nun den Senf in sterilisierte Twist-off-Gläser randvoll ab und verschließen Sie die Gläser sofort. Die Gläser auf die Deckel stellen und leicht abkühlen lassen und anschließend wieder umdrehen.

Den Senf mindestens 1 Woche lang ziehen lassen, bevor er verwendet wird.

Serviervorschlag: Der Feigensenf passt ausgezeichnet zu Käseplatten oder zu Lamm, ebenfalls zu kaltem Braten oder zu kalten Roastbeef-Röllchen.

Der Feigensenf ist gekühlt fünf bis sechs Wochen haltbar.

Die Verpackungsidee für den Feigensenf finden Sie auf Seite 108/109.

Zutaten für 3–4 Gläser à 100 ml

120 g brauner Zucker
3 EL Himbeeressig
3 EL Rotweinessig
6 reife Feigen, geschält und in Stücke geschnitten
1–2 EL Senfmehl
2 Msp. frisch gemahlener Pfeffer
1 EL Honig

Elegante Schachteln
für den Feigensenf

Übertragen Sie die Schachtel von der Vorlage auf die Rückseite des gemusterten Fotokartons und schneiden Sie sie aus. Den Fotokarton an den gestrichelten Linien falzen. Bekleben Sie dann die Laschen der Schachtel mit doppelseitiger Klebefolie und setzen Sie die Schachtel zusammen.

Schneiden oder stanzen Sie aus dem Fotokarton einen 5 cm großen Kreis mit Wellenrand aus. Jetzt wird die Rückseite des Fotokartons verwendet. Schneiden Sie außerdem einen 3,5 cm großen Kreis aus dem weißen Tonpapier aus. Falzen Sie beide Kreise in der Mitte nach hinten, beschriften Sie den kleineren Kreis mit dem wasserfesten schwarzen Filzstift und kleben Sie ihn auf den größeren Kreis.

Schneiden Sie jetzt noch mit dem Cutter wie abgebildet zwei Schlitze in den großen Kreis. Füllen Sie die Schachtel, indem Sie den Inhalt in Seidenpapier einschlagen, und binden Sie das Etikett zusammen mit dem Satinband an die Schachtel.

Material

beidseitig bedruckter, gemusterter Fotokarton
doppelseitige Klebefolie
Seidenpapier
Satinband in Braun, 3 mm breit
Konturenschere mit Wellenrand
oder Motivstanzer „Kreis" mit Wellenrand, ø 5 cm
Cutter und Schneideunterlage
wasserfester Filzstift in Schwarz

Vorlage Seite 123

Orangen-Chili-Gelee
süß-scharfe Köstlichkeit

Geben Sie 500 ml Saft zusammen mit dem Chili, dem Ingwer, dem Gelierzucker und der Zitronensäure in einen Topf. Bringen Sie dann die Masse unter ständigem Rühren zum Kochen. Ab diesem Zeitpunkt gemessen, die Konfitüre 4 Minuten lang sprudelnd kochen lassen. Führen Sie dann eine Gelierprobe durch (siehe Seite 12).

Die Konfitüre mithilfe eines Trichters in sterilisierte Twist-off-Gläser randvoll abfüllen. Die Gläser sofort verschließen und auf die Deckel stellen. Lassen Sie die Gläser leicht abkühlen und drehen Sie sie wieder um.

Serviervorschlag: Passt gut zu rustikalem Körnerbrot und zu rezenten Weichkäsen wie Gorgonzola oder Camembert. Eine besondere Note verleiht das Gelee den Speisen, wenn man einen Esslöffel davon in eine dunkle Soße gibt – z. B. zu Ente.

Das Orangen-Chili-Gelee ist ca. ein Jahr haltbar.

Die Verpackungsidee für das Orangen-Chili-Gelee finden Sie auf Seite 112/113.

Zutaten für 2 Gläser à 400 ml

ausgepresster Saft
von 1,25 kg Orangen
(ca. 400 ml)
ausgepresster Saft
von 300 g Zitronen
(ca. 100 ml)
2–3 rote Chilis, entkernt
und fein gewürfelt
3–4 cm frischer Ingwer,
geschält und fein gehackt
575 g Gelierzucker 1:1
½ Pck. Zitronensäure

Geschenkanhänger für das Orangen-Chili-Gelee

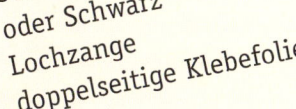

Material
Masking Tape in Schwarz-Weiß gemustert
Fotokarton in Schwarz oder Weiß
Satinband in Orange, 3 mm breit
runder Textstempel zum Selbersetzen
Stempelfarbe in Weiß oder Schwarz
Lochzange
doppelseitige Klebefolie

Kleben Sie zwei Streifen Masking Tape knapp unterhalb des oberen Randes auf das Glas. Schneiden Sie dann für das Etikett aus dem schwarzen oder weißen Fotokarton einen 5 cm großen Kreis aus und bestempeln Sie den Kreis mit einem runden Textstempel zum Selbersetzen.

Stanzen Sie nun in der oberen Hälfte des Kreises zwei Löcher in das Etikett und ziehen Sie das Satinband wie abgebildet durch die Löcher. Binden Sie zum Schluss das Etikett mit einer Schleife um das Glas.

Chardonnay-Gelee
süßer Weingenuss

Verteilen Sie zunächst die Trauben in die sterilisierten Twist-off-Gläser. Das Mark der Vanilleschote auskratzen. Kochen Sie dann den Wein, den Gelierzucker, das Vanillemark, die Vanilleschote und die Zitronensäure in einem großen Topf bei hoher Temperatur unter Rühren auf. Lassen Sie das Gelee unter ständigem Rühren mindestens 4 Minuten lang sprudelnd kochen. Nehmen Sie nun eine Gelierprobe (siehe Seite 12) und kochen Sie, falls notwendig, das Gelee noch weiter (bis 12 Minuten länger).

Entfernen Sie anschließend die Vanilleschote und füllen Sie das Gelee in die Twist-off-Gläser randvoll ab. Die Gläser sofort verschließen und auf die Deckel stellen. Die Gläser leicht abkühlen lassen und wieder umdrehen.

Serviervorschlag: Das Chardonnay-Gelee schmeckt als Konfitüre oder zu rezentem Weichkäse.

Das Chardonnay-Gelee ist ca. ein Jahr haltbar.

Die Verpackungsidee für das Chardonnay-Gelee finden Sie auf Seite 116/117.

Zutaten für
3 Gläser à 500 ml

200 g kernlose grüne Weintrauben, gewaschen und trocken getupft
1 Vanilleschote
600 ml Chardonnay
1 kg Gelierzucker 1:1
1 Pck. Zitronensäure

Windlicht-Banderole
für das Chardonnay-Gelee

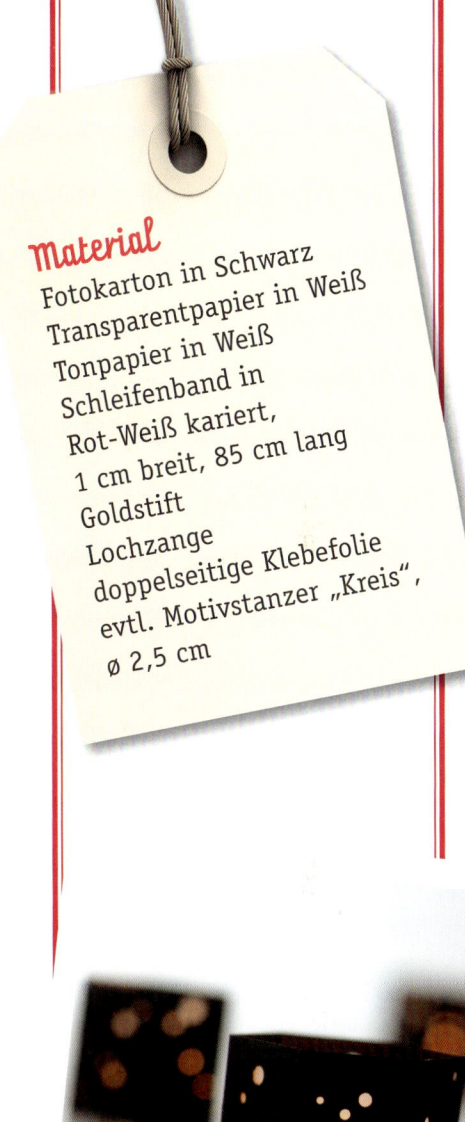

Material
Fotokarton in Schwarz
Transparentpapier in Weiß
Tonpapier in Weiß
Schleifenband in
Rot-Weiß kariert,
1 cm breit, 85 cm lang
Goldstift
Lochzange
doppelseitige Klebefolie
evtl. Motivstanzer „Kreis",
ø 2,5 cm

Schneiden Sie für die Banderole einen 22 cm x 5,5 cm großen Streifen aus dem schwarzen Fotokarton aus (bei größeren Gläsern entsprechend länger). Falzen Sie den Fotokarton alle 3,5 cm parallel zur kurzen Seite. Kleben Sie auf das verbleibende 1 cm breite Stück des Fotokartons doppelseitige Klebefolie.

Lochen Sie nun den Fotokarton wie abgebildet mit der Lochzange und kleben Sie das Transparentpapier auf die Rückseite des Fotokartons. Schließen Sie dann die Banderole, indem Sie die Enden aufeinanderkleben. Binden Sie das rot-weiß karierte Band senkrecht um das Glas und binden Sie auf dem Deckel des Glases eine Schleife. Stülpen Sie die Banderole von unten auf das Glas. Schneiden oder stanzen Sie für das Etikett einen 2,5 cm großen Kreis aus dem weißen Tonpapier aus und beschriften Sie den Kreis mit dem Goldstift. Befestigen Sie das Etikett mit doppelseitiger Klebefolie auf dem Knoten der Schleife.

Tipp: Die Banderole können Sie auch als Windlicht verwenden. Stellen Sie einfach ein Teelicht in einem kleinen Glas hinein. Bitte lassen Sie Kerzen nicht unbeaufsichtigt brennen.

Vorlagen

Wölkchenschachtel
Seite 20/21
Die Vorlage auf 250 % vergrößern,

Vanille-Erdbeer-Marmelade
Seite 14/15

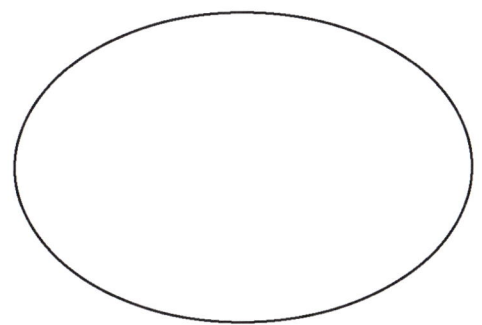

Weißweinfrüchte
Seite 32/33

Wölkchenschachtel
Seite 20/21

Crème de cassis

Gläserschmuck
Seite 98/99

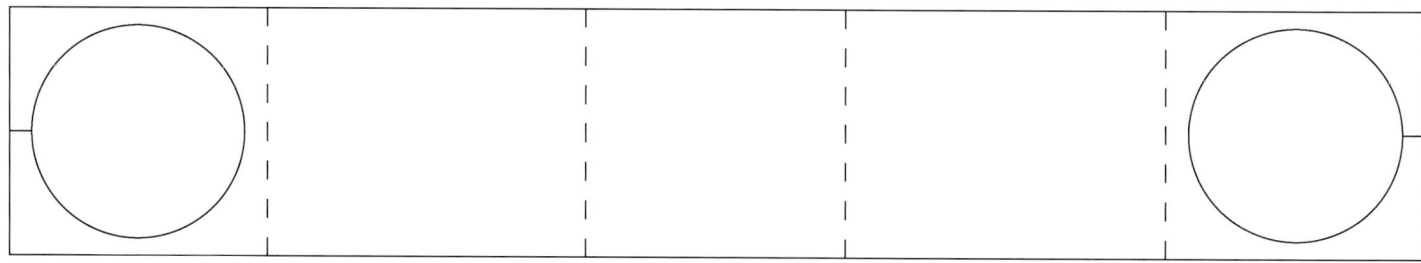

Schlichte Manschetten

Seite 58/59

Die Vorlage auf 166 % vergrößern

Johannisbeer-
Himbeer-
Essig mit
Rosmarin

Beeren-Essig

Seite 74/75

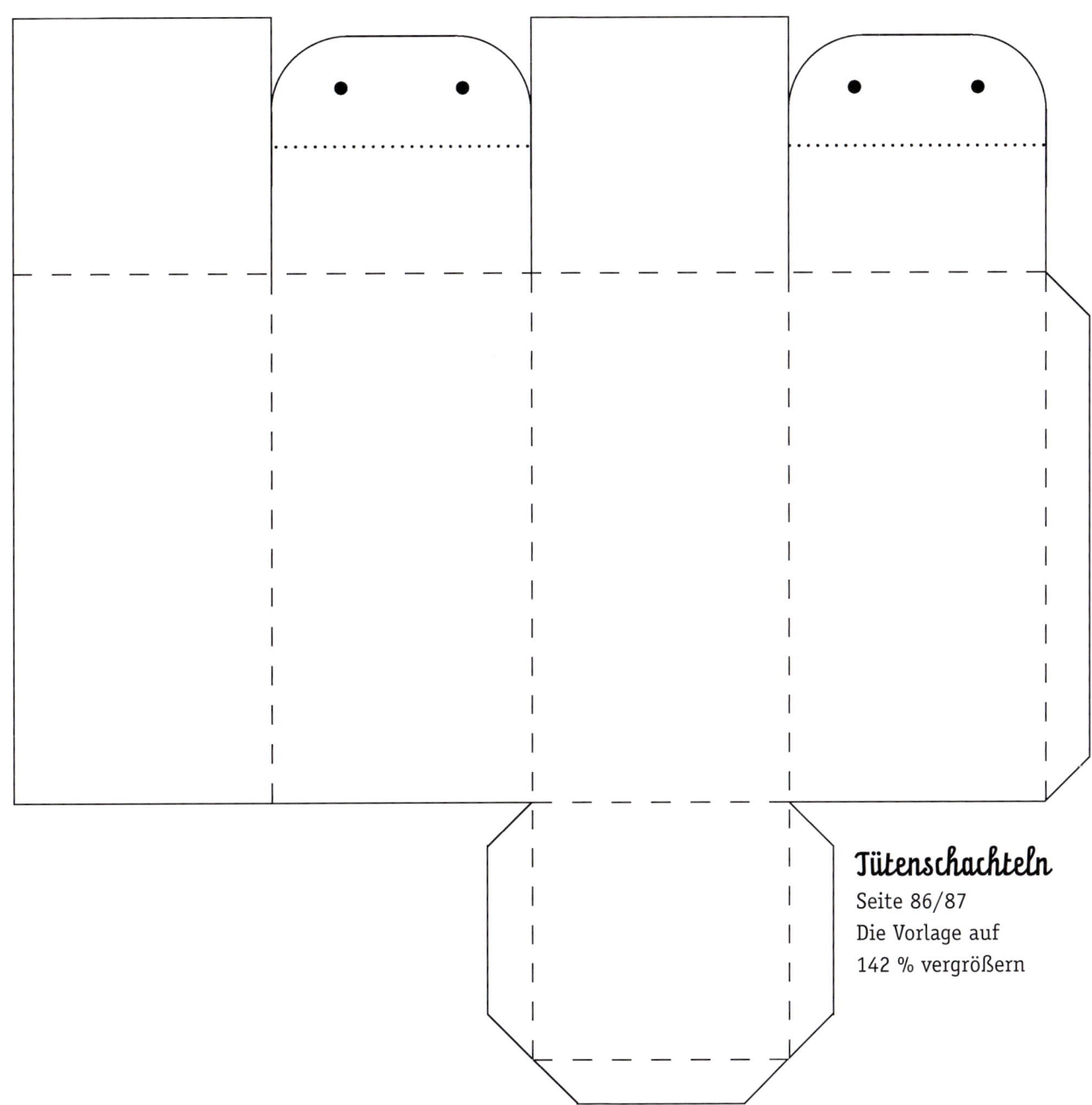

Tütenschachteln

Seite 86/87
Die Vorlage auf
142 % vergrößern

Steinpilzöl

Seite 76/77

Die Vorlage auf 154 % vergrößern

Schlichte Banderole

Seite 104/105

Die Vorlage auf 154 % vergrößern

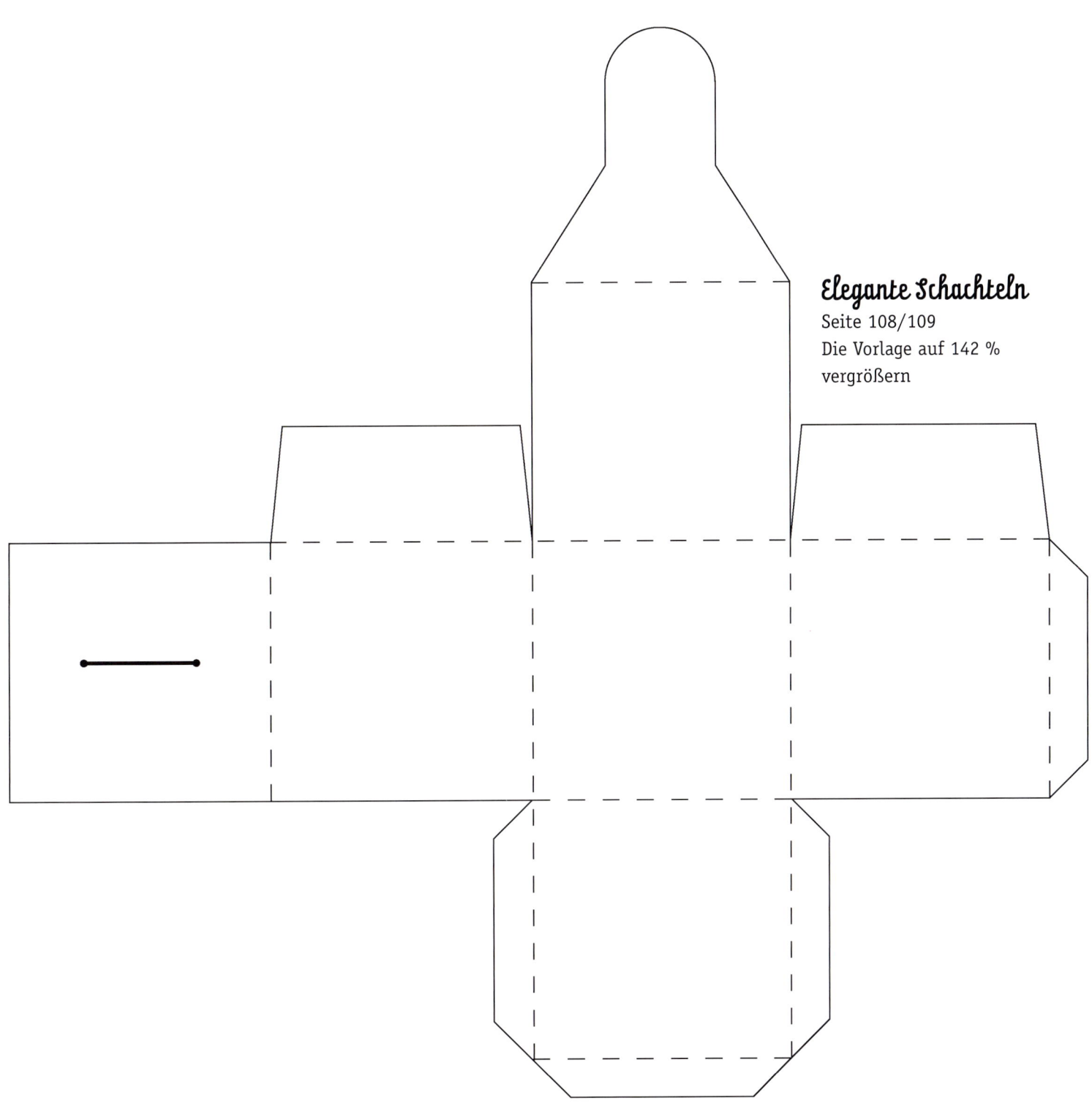

Elegante Schachteln
Seite 108/109
Die Vorlage auf 142 %
vergrößern

Die kreative Manufaktur
Selbermachen. Genießen. Verschenken.

Bücher aus der kreativen Manufaktur

TOPP 5900
978-3-7724-5900-9

TOPP 5901
978-3-7724-5901-6

TOPP 5902
978-3-7724-5902-3

In der kreativen Manufaktur entsteht Einmaliges und Unverwechselbares. Hier werden schöne Dinge noch mit Liebe und Leidenschaft von Hand gefertigt und mit Sorgfalt verpackt.

Die Welt der kreativen Manufaktur umfasst liebevoll gestaltete Bücher und ein umfangreiches Produktsortiment zum Thema „Schenken und Verpacken".

TOPP 5903
978-3-7724-5903-0

TOPP 5904
978-3-7724-5904-7

TOPP 5905
978-3-7724-5905-4

Schenken und Verpacken
mit der kreativen Manufaktur

Im Design der kreativen Manufaktur gibt es auch Etiketten, Geschenkanhänger, Dosen, Schachteln und vieles mehr. Sie sind über den gut sortierten Buchhandel oder www.kreative-manufaktur.de erhältlich.

Schleifenbänder
Art. Nr. 9121
€ (D) 4,99/€ (A) 5,10

Geschenkanhänger
Art. Nr. 9117
€ (D) 3,99/€ (A) 4,10

Etiketten
Art. Nr. 9119
€ (D) 1,99/€ (A) 2,10

Geschenktüten mit Etiketten
Art. Nr. 9127
€ (D) 4,99/€ (A) 5,10

Stempel
Art. Nr. 9129
€ (D) 7,99/€ (A) 8,10

8 Geschenkschachteln
Art. Nr. 9125
€ (D) 7,99/€ (A) 8,10

2 Dosen
Art. Nr. 9133
€ (D) 7,99/€ (A) 8,10

Masking Tape
Art. Nr. 9123
€ (D) 7,99/€ (A) 8,10

Geschenkanhänger
Art. Nr. 19420
€ (D) 3,99/€ (A) 4,10

Etiketten
Art. Nr. 19422
€ (D) 1,99/€ (A) 2,10

Baker´s Twine in Gelb, Rot oder Grün
Art. Nr. 19426 / 19441 / 19442
jeweils € (D) 9,99/€ (A) 10,30

Die Autorinnen

Karina Schmidt

Die Liebe zum Kochen entdeckte Karina Schmidt schon als Jugendliche. Die eigenen Rezepte „nur" Freunden oder der Familie zu präsentieren, reichte ihr jedoch irgendwann nicht mehr aus. Der Wunsch entstand, ein breiteres Publikum zu erreichen. Inzwischen hat Karina Schmidt mehrere Bücher zum Thema Kochen und kulinarische Entdeckungsreisen geschrieben, veranstaltet Kochseminare und arbeitet als freiberufliche Foodstylistin.

Karina Schmidt

Anna Postel

Mit einer Begeisterung für alles Schöne aus Stoff und Papier entschied sich Anna Postel nach dem Abitur zu einer buchbinderischen Ausbildung im Bereich Einzel- und Sonderfertigung. Seit 2007 studiert sie an der Burg Giebichenstein Kunsthochschule Halle im Fachbereich Buchkunst. Im Sommer 2012 wird Anna Postel das Studium als Diplom-Buchkünstlerin abschließen. Unter dem Label „Kleine Madame" vertreibt sie handgearbeitete Schachteln und genähte Einzelstücke.
Internet: www.kleinemadame.de

Anna Postel

Impressum

Rezeptentwicklung: Karina Schmidt
Verpackungsmodelle: Anna Postel

Fotos: frechverlag GmbH, 70499 Stuttgart; Fotolia: alex (Seite 11 o. l.); Angela (Seite 72 u. r., 73 u. m.); Carmen Steiner (Seite 38 o. m.); Christan Jung (Seite 11 u. m.); Corinna Gissemann (Seite 12 o., 16 m. r.); creative studio (Seite 73 o. l.); designdoctor (Seite 17 l.); D. Ott (Seite 96 u. l.);DramaSan (Seite 10 u. r., 18 u. l., 72 o. r.); Elena Kovaleva (Seite 16 m. l.); Elenathewise (Seite 39 u. l., 57 o. r., 73 u. r.); flashpics (Seite 26 o.); gudrun (Seite 53 o. r., 82 u. r., 89 u. l.); Ideenkoch (Seite 42 u.); illustrez-vous (Seite 102 u. m.); impressionen (Seite 53 u. l.); Jens Hillberger (Seite 89 u. r.); Jochen Schönfeld (Seite 94 o. l.); Kalle Kolodziej (Seite 12 u. m.); Kim Moilanen (Seite 39 u. r.); Kimsonal (Seite 94 o. m.); L.Bouvier (Seite 98 m. r.); lidante (Seite 38 o. l.); Littyusa (Seite 73 u. l.); Margarita Borodina (Seite 17 r.); Michaela Pucher (Seite 26 u. l.); mira mikosch (Seite 110 o. r.); Miroslava Drozdowski (Seite 39 o. m.); mythja (Seite 72 o. l.); Nailia Schwarz (Seite 48 u. r.); Natalia Klenova (Seite 42 o.); redhorst (Seite 110 u. l.); sl007 (Seite 56 u. r.); some.oner (Seite 115 u. r.); Subbotina Anna (Seite 94 o. r.); Swetlana Wall (Seite 16 m.); Thomas Francois (Seite 10 o. m.); unpict (Seite 38 u. r., 67 u.); Yevgeniya Shal (Seite 12 u. r.); istock: Petegar (Seite 80/81); igorr1 (Seite 18 o.); lichtpunkt, Michael Ruder, Stuttgart (alle übrigen)

Reihenkonzept: Katrin Hartmann
Produktmanagement: Katrin Hartmann
Lektorat und Texte: Susanne Dubbers und Katrin Hartmann
Markendesign und Layout: N I T R I B I T T Kommunikation & Design, Thomas Detlaf, Kischa Scheibe, Marco Schenck, www.nitribitt.com
Satz: elektrolyten, Petra Schmidt, München, www.elektrolyten.de

Druck und Bindung: Himmer AG, Augsburg

Wir danken den Firmen KnorrPrandell GmbH, Lichtenfels, Buntpapierfabrik Ludwig Bähr, Kassel, Rayher Hobby GmbH, Laupheim, Heyda Baier & Schneider GmbH & Co. KG, Heilbronn, für die freundliche Bereitstellung von Material.

Hilfestellung zu allen Fragen, die Materialien und Kreativbücher betreffen: Frau Erika Noll berät Sie. Rufen Sie an: 05052/911858 (normale Telefongebühren)

1. Auflage 2012
© 2012 frechverlag GmbH, 70499 Stuttgart

ISBN 978-3-7724-5904-7
Best.-Nr. 5904